# GARANTIES

A DEMANDER

# A L'ESPAGNE.

IMPRIMERIE DE HUZARD-COURCIER,
Rue du Jardinet, n° 12.

# GARANTIES

A DEMANDER

# A L'ESPAGNE.

PAR M. DE PRADT,

ANCIEN ARCHEVÊQUE DE MALINES.

Le genre humain est en marche,
et rien ne le fera rétrograder.

PARIS,

BÉCHET AINÉ, LIBRAIRE-ÉDITEUR,

QUAI DES AUGUSTINS, N° 47.

1827

# PRÉFACE.

En 1819, je disais (Congrès de Carlsbad): *Il est évident qu'une catastrophe prochaine menace l'Espagne, et qu'un destin cruel s'apprête à faire regretter Valençay par son roi.* L'annonce était du mois d'août; le 31 décembre de la même année, l'insurrection de l'île de Léon, et la révolution. En octobre 1826, j'ai dit, en parlant des nuages qui déjà s'élevaient entre l'Espagne et le Portugal: *Il faut être aveugle pour ne pas voir qu'une grande guerre est cachée là dessous.* Le 16 novembre, les réfugiés portugais effectuèrent leur invasion, sous l'assistance espagnole. Le succès de ces annonces m'a plus effrayé qu'enorgueilli; je les rappelle pour donner par elles quelque poids à mes paroles, en faisant des voeux pour que mes prévisions sur l'avenir ne soient pas exposées à recevoir une confirmation nouvelle par de nouveaux désastres. C'est pour les prévenir, autant qu'il est en moi, que cet écrit a été composé.

L'évènement du Portugal a créé une position

très compliquée pour l'Europe entière. L'Espagne a compromis la paix de l'Europe ; le maintien de cette paix est la nécessité de l'Europe : en rechercher les garanties, était donc l'ordre de travail indiqué par la position même. Les garanties ne peuvent être de l'ordre matériel, car personne n'en demande de cette nature ; elles sont étrangères à la question : c'est donc dans l'ordre moral qu'il faut les chercher, c'est-à-dire dans la nature du gouvernement, et dans celles des influences qui agissent sur lui, ou, ce qui est plus exact, parallèlement avec lui, car, en Espagne, le monachisme est associé à l'empire.

L'impossibilité de maintenir la paix avec l'ordre moral qui régit l'Espagne, est de la géométrie pour moi. Depuis trois mois que la querelle est ouverte, qu'a-t-on obtenu de l'Espagne, quelles dispositions ont percé de son côté? La guerre. Le parti espagnol correspond avec ses associés des autres pays. De son côté, un pays gouverné comme l'est l'Angleterre ne peut être ni dupe de vaines paroles, ni effrayé par de vaines menaces. Si les apostoliques d'Espagne et de France ont leurs plans tout faits, l'Angleterre a aussi les siens. La présomption et l'insensibilité sont les attributs des partis :

les partis ont un but et point d'entrailles, une tendance inflexible et nulle prudence. Tout est donc à craindre de la part de ce parti, et la résistance qu'il suscitera ne peut manquer d'amener les résultats les plus funestes. C'est cette considération qui m'a ramené sur ce théâtre de désordres et de scandales dans l'ordre moral, que l'on appelle l'Espagne. Ce pays est la boîte de Pandore pour l'Europe : les premiers éclats de l'orage qui s'y forme ne peuvent manquer de retomber sur la France. Cette perspective est effrayante ; perdre les fruits de douze années de paix, pour soutenir les inimitiés contre les institutions, et l'empire du monachisme ; et cependant, c'est pour ce résultat qu'on a invité la France à sacrifier le fruit de ses travaux, et à offrir ces immenses sacrifices au despotisme et au monachisme ; car c'est à leurs côtés et à leur profit que la France est appelée au combat. Eh quoi ! une première épreuve n'a-t-elle pas dû suffire ! Dans cette position, je n'ai pas dû balancer à déclarer qu'il faut faire à l'Espagne l'application du principe, *salus populi ;* que l'Europe doit être considérée comme ce peuple, dont les intérêts sont supérieurs à ceux du despotisme et du monachisme, et que, plutôt que de courir le risque d'une guerre générale, et d'une guerre d'opinion, il faut forcer l'Espagne à changer son mode de gouvernement. Quelle loi violera-t-on, en faisant rentrer dans l'ordre des procédés en usage parmi les peuples civilisés, un gouvernement capable de frapper les sujets de sévices détestables, tels que ceux énoncés dans l'ordonnance récente de l'intendant de police de Madrid. Comme si les hommes s'étant mis en société, tenaient à son service leur fortune et leur vie, pour être exposés aux coups d'un pouvoir sans règles ni mesures. Cette ordonnance est la preuve évidente de la détresse de ce gouvernement; il faut se sentir sur un volcan, et au milieu des haines les plus violentes, pour admettre un pareil langage : celui qui parle ainsi, déclare par là même qu'il est aux abois. Il faut sauver l'Espagne d'elle-même, et l'Europe se sauvera avec elle; autrement, l'Espagne sera inévitablement le brûlot de l'Europe.

# DES GARANTIES

# DE L'ESPAGNE.

---

## CHAPITRE PREMIER.

### *Cause véritable de la querelle de l'Espagne avec le Portugal.*

Quelle est cette cause? La marche du genre humain qui a atteint le Portugal : il n'y a plus d'autre affaire dans le monde. Comment cela s'est-il fait? Une voix élancée du Brésil a dit au Portugal : *Paralytique politique, enlève ton grabat, et marche.* Le Portugal s'est mis à marcher ; alors l'immobilité espagnole s'est vue menacée d'avoir à marcher à son tour, et *voilà la guerre allumée*. En effet, ces deux pays se disputent-ils quelque chose dans l'ordre matériel ? *Rien, absolument rien.* Dans *l'ordre moral, social? Tout.*

Entre eux, c'est une question d'incompatibilité sociale. La Chimie ferait plutôt vivre en paix dans le même vase deux substances destinées à se neutraliser réciproquement, qu'on ne ferait compatir ensemble, rapprochés l'un de l'autre, deux régimes aussi opposés que le sont les tribunes et l'absolutisme, l'ordre légal et public, et les *camarillas*. Observez ce qui s'est passé dans les deux pays. En 1820, ils entrent à la fois dans la nouvelle marche du genre humain; en 1823, on les en fait sortir; les vieilles allures reprennent leur cours. Tant qu'elles sont en vigueur des deux côtés, tout va bien; on dirait qu'au lieu de deux états il n'y en a qu'un seul; mais voilà que l'empereur du Brésil, celui qui a dit : *Le temps de tromper les hommes est passé; il faut que l'on sache que tous les gouvernemens ne sont que les produits des volontés nationales* (1), *et n'ont pour objet que l'utilité des peuples;* voilà, dis-je, que ce prince fait au Portugal l'application de ces principes. Comment cela pourrait-il compatir avec ce que de son côté proclame le roi d'Espagne : *Que jamais il ne se départira du pouvoir absolu dont le ciel l'a rendu dépositaire, et que*

(1) Discours de don Pèdre à la première assemblée du Congrès constituant du Brésil.

*ceux de ses sujets qui pourraient craindre de le voir rien relâcher de cette précieuse et incontestable prérogative, peuvent se reposer sur lui du soin de la préserver de toute atteinte* (1). L'Espagne vient de faire contre le Portugal, sous une autre forme, ce qu'en 1821 l'Autriche fit contre Naples ; celle-ci fit marcher des grenadiers contre la *tribune* de Naples, vers laquelle elle craignait que ses Italiens et ses Hongrois ne se tournassent. En 1823, la France fit un cordon sanitaire : on allégua la corruption morale ; on toléra les évolutions de l'armée de la Foi. A son tour, l'Espagne a trouvé son armée de la Foi contre le Portugal, son baron d'Éroles, sous le nom de marquis de Chavez : c'est la même scène sous des couleurs et sur des théâtres différens. Quand on proclame don Miguel roi de Portugal, on ne fait que masquer l'intention de renverser l'œuvre de don Pèdre. Ce n'est ni à l'un ni à l'autre que s'intéressent les acteurs de ce drame, c'est au changement arrivé en Portugal, qui les menace d'avoir à subir eux-mêmes un changement pareil. Ainsi, au lieu de s'étonner de ce qui s'est passé en Espagne, il aurait fallu s'étonner que cela n'eût pas

(1) Proclamation de Ferdinand en 1826, après la publication de la Charte portugaise.

eu lieu. Le prince de Metternich a dit ; *On nous a dit que le genre humain est en marche, c'est pour cela que nous travaillons à l'arrêter* (1). Aujourd'hui l'Espagne est un de ces points d'arrêt implorés par ce prince : voilà ce qu'il faut bien entendre pour ne pas s'égarer dans cette question, et pour ne pas s'exposer à opposer des moyens de répression matérielle à des attaques morales. L'Espagne ne repousse pas une invasion armée, mais une invasion constitutionnelle; et ceux qui lui disent, *Gardez-vous de bouger; on fera ceci, on fera cela*, en d'autres termes lui disent, *Laissez-vous faire constitutionnels, c'est-à-dire ce que vous craignez le plus.* Je parie que le père Cyrille ne me démentirait pas lorsque je parle ainsi.

Cependant cette singulière position a amené l'Europe sur les bords d'un abîme. Elle veut la paix; mais quelle paix est possible? quels en sont les moyens? quelles en sont les garanties? Voilà ce que, dans son inquiétude sur l'avenir, se demande tout le monde.

Comme j'ai aussi ma part dans cette sollicitude, j'ai cherché avec constance et bonne foi

(1) Paroles du prince de Metternich, à son passage à Inspruk, au retour du congrès de Véronne.

une solution à cet imbroglio ; je dirai donc avec franchise celle qui s'est présentée à mon esprit : pour cela, j'ai besoin d'élargir mon terrain, et d'exposer, avec quelque détail, toutes les parties de cette question. Je déclare n'en avoir jamais rencontré une qui fût plus compliquée, et dont le fond véritable fût recouvert d'apparences plus décevantes. Ici, il faut aller au fond des choses, et ne pas faire ce que vulgairement on appelle du *replâtrage*, chose à laquelle on est malheureusement fort enclin, même dans les plus graves affaires.

Je dois donc, pour procéder logiquement, commencer par établir comme principes : 1° le vœu, la tendance et le besoin de l'Europe ; 2° l'opposition de l'état de l'Espagne avec ce même vœu. Cela conduira à rechercher la nature des garanties que peut offrir l'Espagne contre le retour des dangers qu'elle vient de faire courir à l'Europe, et celle des garanties qu'à son tour l'Europe est fondée à exiger d'elle.

## CHAPITRE II.

### *Vœu et besoin de l'Europe.*

Quels sont ces vœux et ces besoins? la paix et son maintien. Depuis 1814, la paix est l'objet de l'attention de la diplomatie européenne. *Assurance pour les propriétés reconnues, garantie contre les résolutions violentes*, tel est depuis cette époque l'esprit des gouvernemens. On pourrait dire qu'ils ont mis toutes leurs armées au service de la paix. Le consul romain disait : *Cedant arma togæ.* La diplomatie s'est appropriée cette prérogative; elle a élevé au milieu de l'Europe une espèce de tribunal amphictyonique, à la barre duquel tous les contendans doivent comparaître. Par là, il en sera de la guerre comme du duel, qui, après avoir désolé la société et résisté à toutes les lois, a fini par tomber et par s'effacer aux pieds de la civilisation.

Cette disposition pacifique s'est manifestée dans le blâme uniforme que toutes les puissances ont fait également de la conduite de l'Espagne dans cette circonstance. A Vienne, à Pétersbourg, à Paris, on a parlé, comme à Londres, des dangers dont cette conduite menaçait le maintien de la paix. S'il se fût agi d'institutions, de constitution, il y aurait eu divergence d'opinion entre les cabinets; mais il était question de conserver l'état pacifique de l'Europe, il n'y a eu, il ne pouvait y avoir qu'une voix.

## CHAPITRE III.

*Opposition de l'Espagne à la paix de l'Europe.*

La querelle de l'Espagne avec le Portugal est-elle de nature à troubler la paix de l'Europe? La question présente deux faces : 1° par elle-même; 2° par ses conséquences et ses accessoires.

Quant au premier point, regardez la position de l'Espagne et du Portugal, situés aux extrémités de l'Europe, dont ils semblent être l'appendice! Voyez les Pyrénées s'élever entre elle et eux! Jusqu'ici, ils appartenaient plus à l'Amérique qu'à l'Europe; ils ne sont rentrés pour ainsi dire en Europe qu'en perdant l'Amérique. En cas de division, la détresse commune ramènerait promptement la paix entre eux; en cas d'obstination, quelques paroles sévèrement articulées *par les puissans* sépareraient promptement les combattans, à peu près comme quelques grains de sable mettent fin au combat des abeilles. Par elle-même, cette querelle est du bruit sans profondeur, et n'importe nullement à l'Europe. Il en est de même de l'entreprise du marquis de Chavez. Comme évènement militaire, ce n'est rien, à peine matière à quelques maigres bulletins. Ce chef n'a pas eu les avantages de la surprise, ni ceux de la rapidité d'exécution; il n'a pu marcher droit à Lisbonne; ses ennemis ont eu le temps de se reconnaître : les Anglais sont arrivés; il est perdu. Mais si, comme espagnole et portugaise, cette querelle est de nulle importance, comme danger imminent et toujours présent pour le maintien de la paix, elle devient très grave, elle est européenne. M. Caning a dit pourquoi. Ce ministre, rappelant ce que, il y a quatre ans, il avait dit au sujet de la guerre d'Espagne, s'est exprimé en ces termes :

« Je dis alors que je craignais que la guerre prochaine qui serait allumée en Europe ne fût pas tant une guerre d'armées que d'opinions. Quatre ans sont à peine écoulés, et vous pouvez voir mes craintes réalisées! Cette guerre d'opinions est, il est vrai, à présent confinée dans d'étroites limites; mais c'est une guerre d'opinions que l'Espagne, soit comme gouvernement, soit comme nation, engage maintenant contre le Portugal; c'est une guerre qui a commencé *en haine des nouvelles institutions du Portugal.* Combien de temps est-il raisonnable d'espérer que le Portugal s'abstiendra de représailles? Si ce pays est forcé de prendre part à cette guerre, nous y prendrons part avec un désir vif et sincère de concilier plutôt que d'exaspérer, et de se mêler seulement dans le conflit des armes, et non dans le conflit plus fâcheux des opinions. Mais je crains beaucoup que ce pays (quelque désir qu'il ait de l'éviter) ne puisse, dans un tel cas, éviter de voir ranger sous ses bannières tous les mécontens et turbulens de chaque nation avec laquelle il pourrait se trouver en guerre : c'est la considération de ce nouveau pouvoir dans toute guerre à venir qui excite mes craintes les plus vives. C'est autre chose d'avoir la force d'un géant, et d'en user comme un géant : le sentiment d'une telle force est sans doute un motif de confiance et de sécurité; mais, dans la position où se trouve ce pays, notre affaire n'est pas de chercher les occasions de la déployer, mais de nous contenter de laisser les professeurs de doctrines violentes et exagérées des deux côtés sentir que ce n'est pas leur intérêt de changer un arbitre en adversaire. La situation de l'Angleterre, au milieu de la lutte des opinions politiques qui agitent plus ou moins sensiblement les différens pays de l'Europe, peut être comparée à celle de celui qui règle les vents, ainsi décrite par le poète. »

La conséquence de déchaîner des passions à présent enchaînées et réprimées, serait de produire une scène de désolation qu'aucun homme ne peut contempler sans horreur; et le sommeil fuirait mes paupières, si j'étais convaincu intérieurement d'avoir contribué à l'avancer d'un seul instant.

Voilà la nature de la guerre dont menace l'Espagne, parfaitement définie. Elle serait une guerre d'opinions; mais, par sa nature, une guerre d'opinions n'est pas une guerre locale, bornée à un seul lieu, mais elle embrasse tous les lieux et tous les hommes auxquels ces opinions peuvent arriver et appartenir. Quand deux états se disputent un territoire, les parties seules prennent part au débat, car elles seules sont intéressées au résultat; mais quand il s'agit d'opinions, tous ceux qui les partagent deviennent parties, et le débat n'a plus seulement des bornes territoriales et matérielles, mais il ne connaît et ne peut connaître que la dernière limite à laquelle s'arrêtent ces opinions. Tout ce qui est compris dans le cadre qui leur appartient prend inévitablement parti dans la querelle; c'est ce que l'on a vu dans la grande cause de la réformation. Pendant cent ans, d'un côté tout le catholicisme, de l'autre tout l'anticatholicisme, se montraient en présence au moindre mouvement que faisaient l'un ou l'autre; il en serait de même dans cette occasion. C'est une guerre contre les institutions, dit M. Caning; elle fera apparaître d'un côté tout ce qui veut des institutions, et de l'autre tout ce qui n'en veut pas; et cette conclusion n'est pas une simple conjecture, car à l'aspect de l'invasion espagnole en Portugal, tout le parti opposé aux institutions s'est montré comme rangé en bataille depuis Madrid jusqu'à Dublin, et l'on n'a plus entendu parler que d'anti-constitutionnels portugais entrés à main armée en Portugal, et de constitutionnels espagnols prêts à entrer en Espagne. Certainement un pareil ordre de choses est, par sa nature, ennemi déclaré du repos de l'Europe; c'est son ennemi naturel, et tout l'art diplomatique sera impuissant pour les concilier et les faire subsister ensemble. M. Caning a donc exprimé une pensée aussi juste qu'humaine, en indiquant la nature et les conséquences de la guerre à laquelle la conduite de l'Espagne exposait l'Europe ; et l'on ne peut dire à quoi songeaient ceux qui ont traité ses paroles de fanfaronnades, tandis qu'elles n'exprimaient qu'une vérité profonde et protectrice de l'Europe. En effet, l'Angleterre n'aurait qu'à appeler ou bien à appuyer le parti constitutionnel et les constitutionnels bannis de l'Espagne, et l'on verrait bientôt si les paroles de M. Caning, comparant l'Angleterre au dieu des vents, n'étaient elles-mêmes que du *vent*, ou bien si elles peignaient au naturel le redoutable et efficace pouvoir de l'Angleterre, de déchaîner sur l'Espagne des vents dont le souffle soulèverait bientôt une tempête générale.

Lorsqu'en 1824, l'Angleterre interposa son irrésistible trident entre l'Amérique et l'Europe, lorsqu'elle empêcha l'attaque qu'alors demandaient à grands cris les mêmes voix qui aujourd'hui demandent une nouvelle guerre d'Espagne, rendit-on justice à cette politique éclairée qui fit jouir l'Europe de la continuation de cette paix, que ne pouvait manquer de troubler une attaque de cette nature, avec toutes les scènes qui en étaient la suite naturelle ? Alors le ministre anglais sut *prévoir ;* il *prévoit* encore, dans cette nouvelle circonstance ; il prévoit même pour les passions dont le propre est de ne pas savoir prévoir. Lorsqu'en 1792, ces mêmes passions appelaient aux armes, lorsqu'elles frémissaient à l'aspect de toute démarche pacifique, calculaient-elles que la guerre commencée en 1792 finirait en 1815, et qu'ouverte sur les bords du Rhin, elle parcourrait tout l'espace entre Moscow et Memphis, pour se terminer à Paris, d'où elle se serait élancée sur l'Europe? Qui peut répondre qu'il n'en serait pas de même au temps actuel, que les passions ne fermenteraient pas avec la même activité, et que le désir ou le besoin de vaincre ne servirait pas d'excuse pour les moyens mis en œuvre par ces mêmes passions? L'Espagne compromet donc, de la manière la plus grave, la tranquillité de l'Europe, par la nature même de la querelle qu'elle a suscitée. Le danger s'accroît par la constitution politique de l'Europe : celle-ci date du partage de la Pologne, effectué par trois puissances que cet acte d'iniquité rapprochait. Un système d'accroissement correspondant se trouva tout formé par ce rapprochement; ce système s'est étendu à toute l'Europe; il est devenu sa loi; mais à force de se satisfaire, il s'est épuisé : l'appétit peut rester, mais l'étoffe manque. Le congrès de Vienne a assigné à chacun ses limites, bien ou mal, n'importe au sujet que nous traitons; pour les franchir, il faudrait tout déranger. L'Europe est comme une chaîne, dont on ne peut déranger un anneau sans déranger tous les autres : on l'a vu à l'occasion du différend entre la Bavière et l'état de Bade. Le traité de Ried avait assigné à la Bavière, sur l'état de Bade, des dédommagemens pour les cessions faites par elle à l'Autriche ; quand il a fallu les réaliser, l'étoffe s'est trouvée trop courte, et pour la fournir, il aurait fallu déranger toute la formation du corps germanique ; on a dû s'en tenir au *statu quo*. Le même état stationnaire règne d'un bout de l'Europe à l'autre; c'est la première fois, depuis sa création, que cette impossibilité d'avancer ou de reculer s'y fait remarquer. On peut dire que, dans cette partie du globe, il n'y a plus rien ni à prendre ni à rendre. Mais la guerre faisant des vainqueurs et des vaincus, donne ouverture à des dédommagemens, comme le font les contestations privées ; il faut que quelqu'un paie les frais ; mais avec quoi ? Avec des territoires ? Voilà l'équilibre dérangé ? Avec des colonies ? Qui peut en prendre ou les garder ? Cela n'appartient plus qu'à l'Angleterre; et n'en a-t-elle pas déjà plus qu'il ne lui convient d'en avoir, et surtout plus qu'il ne convient aux autres qu'elle en ait. Sous ce nouveau rapport, l'Espagne crée donc pour l'Europe une situation très compliquée et très menaçante, pour le maintien de ce qu'elle a le plus à cœur, et dont elle a le plus besoin, la paix. Voici donc trois points bien certains, bien fixés : 1° la haine des institutions, comme principe de la querelle entre l'Espagne et le Portugal; 2° le vœu et le besoin de la paix en Europe; 3° l'opposition de l'Espagne à l'accomplissement de ce vœu et de ce besoin. Cette base une fois arrêtée, l'ordre naturel des idées amène à demander quelles garanties peuvent être exigées de la part de l'Espagne, que sa conduite à venir ne reproduira pas le même danger. Dans ce moment, l'Espagne représente un homme surpris en flagrant délit, auquel la société demande caution pour sa conduite à venir; la société européenne dit à l'Espagne : Donnez des gages pour ma tranquillité future. Ici il ne s'agit d'aucun intérêt matériel; on ne veut ni conquérir, ni dépouiller, on n'aspire qu'à vivre en paix, on veut de la sécurité, on doit la vouloir, on a le droit de la vouloir; un membre de l'association n'a pas le droit de troubler le reste de l'association. Il n'y a donc plus, il ne peut donc plus exister qu'une seule question, la nature des garanties que présente l'Espagne; mais comme ces garanties sont de l'ordre moral, il faut examiner l'ordre de moralité qui régit l'Espagne, car c'est à lui qu'il faut demander ces garanties. Ceci conduit à examiner plusieurs questions qui ne se présentent pas au premier aspect de cette cause; elle est très compliquée : beaucoup de passions se tiennent comme derrière elle, attendant le moment propice pour se montrer; il faut donc la présenter sous toutes ses faces, et la couvrir de clarté autant qu'il sera besoin.

## CHAPITRE IV.

### *Gouvernement de l'Espagne sous ses deux dynasties.*

L'Espagne trouble la paix de l'Europe : c'est un fait convenu, patent, incontestable. Comment cela se fait-il? D'où provient l'acte perturbateur? Est-ce mauvaise foi ou insubordination, en d'autres termes, impuissance à se faire obéir? Mais voilà deux effets : où se trouve la cause, et quelle peut-elle être? A cette demande, la raison répond, comme il est naturel qu'elle le fasse : C'est son gouvernement. Qui peut justifier cette allégation? La raison répond encore : C'est l'histoire de l'Espagne depuis qu'elle est gouvernée comme on la voit l'être dans ce temps! Si une longue suite de jours a constamment ramené les mêmes effets, par là même il sera évident que les mêmes causes ramèneront des effets semblables. Il faut donc rechercher quel a été le gouvernement de l'Espagne pendant trois cents ans. Elle a, dans cet espace de temps, compté deux dynasties, celles d'Autriche et de Bourbon. Si sous les deux sceptres les résultats ont été les mêmes, il faudra rechercher la cause apparente qui les a produits; et quelle peut-elle être, si ce n'est le gouvernement? Par une suite nécessaire, on sera autorisé à conclure que tant que la cause subsistera, l'effet continuera; et subsidiairement, qu'il n'y a pas de garanties possibles avec l'Espagne, tant qu'elle gardera le gouvernement qui, tant pour elle-même, que pour les autres, a amené les choses à ce point.

Libre comme toutes les nations régies par les institutions des peuples du Nord, parmi lesquels le prince n'était guère qu'un chef militaire, et où tout se décidait dans le conseil de la nation, l'Espagne perd ses libertés de la façon de Charles-Quint : elles périssent dans la guerre des communes de Castille. L'Espagne n'en conserve qu'un vain simulacre, dans quelques corps qui ressemblent à ces médailles destinées à rappeler les faits des temps passés. Dans quelques circonstances, on réunit des espèces de Cortès, et l'on en conserve à Madrid une image qu'on peut appeler dérisoire, dans une petite réunion (car quel autre nom lui donner) dont toutes les attributions se bornent à régler quelques misérables salaires (1). Telle est partout la nature du pouvoir, incapable

---

(1) Les ordonnances des rois d'Espagne, qui portent le nom de pragmatiques, portent dans leur intitulé, *qu'elles auront la même force que si elles étaient publiées dans l'assemblée des Cortès.* Elles ne sont plus convoquées que lors de l'avènement au trône, pour prêter serment au nouveau souverain, et recevoir le sien. Elles furent assemblées, pour la dernière fois, en 1789, à l'avènement de Charles IV. En 1713, Philippe V voulant ramener l'ordre de la succession qui admettait les femmes, à l'imitation de celui de la France qui les exclut, ce prince fit passer sa pragmatique sur ce sujet, dans une assemblée de Cortès, convoquée à cet effet.

Lorsque les Cortès se séparèrent, il fut réglé qu'elles auraient à Madrid une députation permanente, sous le nom de *députés du royaume.* Mais il en arriva de celle-ci comme de beaucoup d'autres, on réduisit peu à peu leurs attributions. Lors de l'assemblée des Cortès en 1789, on compta plus de cent députés, et la session dura trois mois. Tout informe qu'elle était, cette assemblée montra qu'elle avait le sentiment de sa force, et se disposait à en user, lorsqu'elle fut dissoute avec quelques formes polies, et se sépara docilement.

de supporter le partage ou les barrières. Philippe II n'était pas homme à reculer devant les usurpations de son père; il les aggrava, et donna la religion pour sceau à son despotisme. On dirait que le ciel s'attachait à venger l'Espagne sur la race de ces princes; car, comme si elle se fût épuisée à produire Charles et Philippe, cette dynastie fut toujours en s'affaissant jusqu'à ce Charles II qui, par sa faiblesse, autorisa à dire de l'empire de Charles-Quint comme de celui des Césars :

Et l'empire romain finit par Augustule.

Pour donner une juste idée de l'état auquel la dynastie autrichienne avait réduit l'Espagne, je crois ne pouvoir faire rien de mieux que de rapporter le tableau qu'en trace dans ses Mémoires le marquis de Louville, attaché par Louis XIV à la personne de son petit-fils Philippe V, pour l'accompagner en Espagne. M. de Louville était un homme d'esprit et d'honneur, et tel qu'on doit désirer des serviteurs aux princes. Si l'on peut juger des hommes par leurs amitiés, il suffira de dire de lui qu'il fut l'ami de Fénélon et du duc de Beauvilliers. Sa correspondance avec ces deux hommes illustrés par tant de vertus et de talens, fait partie des Mémoires du marquis de Louville.

*Extrait des Mémoires du marquis de Louville, pag. 67 et suiv.*

« La monarchie espagnole offrait alors (1701) le tableau d'une triste décadence... Quel spectacle pour un prince de dix-sept ans, qui sortait d'un royaume gouverné par Louis XIV, long-temps administré par Colbert, et maintenu par des corporations sages et puissantes! quel spectacle, dis-je, et quel fardeau que l'héritage de Charles-Quint en 1700! Point d'armée ni d'argent; point de justice, point de police, point de libertés et point de freins : dans les colonies, des vice-rois; dans la métropole, des capitaines-généraux sans cesse renouvelés, jamais recherchés ni contenus; au centre, une quantité de sénats qui, sous les dénominations pompeuses de conseils de Castille, ou de justices d'Arragon, d'Italie, de Flandre, des Indes, des ordres, des finances et de la guerre, n'offraient d'ailleurs aucune autre garantie que la volonté royale, et pouvaient sur toutes choses répondre au peuple, *Le roi le veut ainsi*, alors même qu'émancipés par un long usage des usurpations, ils disaient souvent au roi : *On reçoit vos ordres, mais on surseoit à leur exécution*. Véritable oligarchie, composée de gens unis par l'orgueil; divisés par l'ambition et endormis par la paresse. Voilà pour le gouvernement. Un palais silencieux, asservi, au nom de l'étiquette, par des commensaux et par la reine qui le remplissaient de leurs intrigues. Voilà pour la cour. Enfin, un épiscopat trop riche et trop dépendant de Rome; une inquisition redoutable, toujours en guerre, au dehors, avec le pape, au dedans, avec les sujets; et des milliers de moines, souvent hommes de talent et de mérite, mais la plupart opposés entre eux d'un ordre à l'autre, ou même de couvent à couvent. Tel était, en peu de mots, l'ensemble de l'Espagne sur la fin du règne de Charles II.

» Veut-on considérer les effets de cet ordre de choses? Quelques traits particuliers en diront plus à cet égard que les grandes histoires du temps : par exemple, l'Espagne, en dépit de ses tableaux d'armées, à cette époque, n'entretenait pas dans son sein 6000 hommes de guerre en bon état; et *le roi n'avait dans son palais pour garde qu'un ramassis de savetiers et autres bas artisans de Madrid, rendus à leurs professions toutes les fois qu'ils n'étaient pas employés, et sous les armes, divisés en trois bandes, la flamande, l'espagnole et la tudesque, dignes mémoires* de la possession des Espagnes, des Pays-Bas et de l'Empire. Il y eut un moment, pour la sûreté de la capitale, un seul régiment de cavalerie, fort de 700 hommes, et commandé par le prince de Darmstadt, qui fut depuis si contraire à la maison de Bourbon. Ce régiment fut renvoyé de Madrid par le crédit du cardinal Porto-Carrero, archevêque de Tolède, primat du royaume, de peur que don Henri de Cabreras, amirante de Castille, grand écuyer du roi, alors tout-puissant auprès de la reine, ne s'en aidât pour assurer sa domination, parce que ce prince était cousin-germain de Marie de Neubourg, seconde femme de Charles II. La France y gagna; mais il n'y avait aucun moyen de répression contre la populace : aussi, dans le soulèvement pour le pain, qui eut lieu le 28 avril 1699, accorda-t-on aux mutins tout ce qu'ils osèrent demander. De telles scènes n'étaient pas rares sous ce règne. Outre la grande sédition dont nous venons de parler, et celle qui éclata sous la première reine, Marie-Louise d'Orléans, où l'on massacra tous les Français qui habitaient Madrid, que n'avait-on pas tenté contre la reine mère, ensuite contre don Juan d'Autriche, son ennemi, dans le temps qu'il gouvernait comme frère et comme ministre du roi? Il ne se passait aucune fête de taureau, il ne se donnait aucune comédie, qu'on ne mît l'épée à la main. L'autorité royale, quoique reconnue sacrée, était souvent outragée, faute de moyens de se faire craindre; et les lois semblaient abolies par l'impunité. Les églises et les maisons des grands servant d'asile pour tous les crimes, au moindre renchérissement du pain, il n'y avait plus de sûreté pour les ministres ni pour personne.

» Tout le monde était armé dans Madrid, excepté le roi; il n'y avait pas d'homme un peu riche qui n'eût au moins cent coupe-jarrets à sa solde; et *sur les cent cinquante mille habitans de la capitale,* soixante mille hommes vivaient de ce honteux métier. Après cela, comment s'étonner que Charles II sortît le moins possible de son palais. Toutes les fois, depuis son second mariage, qu'il faisait l'expédition de s'aller promener, les gens du peuple, selon ses propres gentilshommes de la chambre, les lavandières du Mansanarès et les petits enfans couraient après lui, en l'appelant *niquedouille;* ils accablaient la reine des plus sales injures, sans qu'il y eût un seul garde auprès du carrosse pour punir ces infamies. Le peu de soldats qui résistaient à la désertion étaient vêtus de haillons, sans solde, sans pain; car il n'y avait plus de fonds spécial pour les troupes, tandis que les officiers venaient dépenser en débauches, à Madrid, des appointemens dont ils avaient trafiqué avec les bureaux. Quant aux généraux, il n'y avait de noble en eux que la naissance, ou seulement le rang; avides d'emplois, sitôt qu'ils en avaient obtenu d'importans, ils ne demandaient plus qu'une chose, c'était de ne les pas remplir, estimant qu'il n'était pas possible de vivre hors de Madrid. Une personne de distinction, dont le fils venait d'être envoyé à son corps pour le commander, fit retentir la cour de ses cris, parce que, disait-elle, on lui voulait tuer son enfant.

» Les finances allaient-elles mieux? Un seul fait en fera juger. Lorsque le duc de Médina-Céli s'aperçut que la faveur de don Juan d'Autriche chancelait, il pensa qu'une habile opération financière, dans cette circonstance, lui vaudrait la première place; et voici ce qu'il imagina. Depuis long-temps la monnaie avait été administrée sans loyauté; l'altération des pièces frappées dans les hôtels royaux avait encouragé la fraude privée, tellement, que le commerce menaçait ruine. Don Juan s'était sagement préparé de loin à faire une refonte générale, et rassemblait tous ses moyens pour ce grand objet quand il mourut. Médina-Céli crut faire merveilles, dans son empressement, de déclarer à l'improviste que la monnaie d'or et d'argent ne serait plus reçue qu'au titre, et de choisir le moment où le trésor en était peu chargé; de sorte que les particuliers furent abîmés, principalement dans les provinces les plus riches; telles que l'Andalousie et les Castilles, où la circulation des espèces était la plus active.

» Nous dirons peu de chose de la justice séculière; elle ne pouvait être que languissante dans un pays où l'on distinguait la voie du droit et la voie de l'autorité, ou la justice administrative. D'ailleurs, le pouvoir judiciaire, amovible en Espagne, relevait principalement de la présidence de Castille; et comme cette magistrature éminente avait été constamment donnée par l'intrigue, dont l'essence est le changement, on avait vu tour à tour à la tête des tribunaux, dans l'espace de quelques mois, le comte Oropeza, puis don Antonio Arguilles, confident de l'amirante, puis don Manuel Arias, puis de nouveau le comte Oropeza, puis Arias, aussi pour la seconde fois; et chacune de ces mutations, étant l'effet d'une lutte entre les partis, avait dû entraîner le triomphe d'une foule de partisans du vainqueur, qui ne l'étaient guère des lois. »

A ces traits généraux, par lesquels Louville peint l'état de l'Espagne lors de l'avènement de Philippe V, il faut joindre quelques traits épars dans son ouvrage. Au tome I, page 185, cet écrivain, rendant compte de la conclusion du mariage de Philippe V avec la fille du duc de Savoie, dit : *Avant tout, il faut s'occuper de donner des chemises à la reine.* Même volume, page 182 : *Le roi n'a pas le sol : je suis un habile homme, parce que j'ai trouvé de quoi faire mettre une porte à la cave, et acheter des serviettes; on était à la veille de se servir des chemises des marmitons pour cet usage. Les valets de pied espagnols sont tout nus, et demandent l'aumône dans les rues; le sort des chevaux est encore pire, car ils ne peuvent pas la demander.*

D'après cela, il ne faut pas s'étonner qu'un jeune prince élevé au milieu des splendeurs de Versailles, passant de cet olympe dans une demeure aussi délabrée, ne tournât bien souvent vers la France des yeux chargés de larmes, que faisaient couler de trop justes regrets, blessés profondément par la comparaison des objets qu'ils étaient habitués à rencontrer, avec ceux qu'ils étaient condamnés à contempler. Ce prince était obsédé de noires vapeurs. En vérité, il y avait en Espagne de quoi lui en donner, beaucoup plus que de quoi les dissiper. Peut-être même que, malgré la noble attitude avec laquelle il soutint ses malheurs, bien souvent on eût pu surprendre les larmes de Louis XIV s'unir, au milieu des pompes de son palais, à celles que, de son côté, son petit-fils versait sur ce triste théâtre ; et en remontant des hommes aux choses elles-mêmes, on est fondé à demander si l'acquisition d'une monarchie aussi délabrée valait tous les sacrifices qu'elle imposa à la France.

La justice exige de reconnaître que la dynastie française a été beaucoup plus propice à l'Espagne que ne l'avait été celle de l'Autriche, mais avec la restriction essentielle de borner cette supériorité au terme du règne de Charles III. La dynastie des Bourbons a réparé beaucoup de maux ; elle a préparé de grands biens : si elle n'a pas compté de grands rois, du moins elle peut montrer avec un juste orgueil Charles III, prince vénéré en Europe, vertueux sans minuties, ferme sans dureté, économe sans parcimonie, gouvernant sans favoris, sans maîtresses et sans confesseurs, instrumens de la politique ; remettant, il est vrai, l'exercice du pouvoir à ses ministres, mais sans l'abandonner à leur discrétion. Par lui, la monarchie avait revécu ; elle avait surmonté les échecs des deux guerres de 1762 et de 1778. Charles laissa en Espagne 11,000,000 d'hommes où Philippe V n'en avait trouvé que 8,000,000. Là ont fini les prospérités espagnoles : avec Charles IV, les favoris sont revenus ; la destinée de l'État s'est faite dans le palais; elle a dépendu des intrigues; les coups d'état les plus violens, les plus opposés aux droits de la nature et de la royauté, ont fait passer le sceptre des mains du père dans celles du fils : un arbitrage aussi téméraire que dégradant l'a fait perdre à tous les deux, et sans les armes de l'Europe, la perte fût restée irréparable. Considérée sous les rapports généraux, l'Espagne de 1827 ne vaut pas mieux que celle de 1700; elle n'a pas plus de vie politique, pas plus d'armées, pas plus de finances, en un mot, pas plus de tout ce qui constitue un état vraiment européen. Cette Espagne de nos jours est même inférieure à l'Espagne de Charles II, sous un double rapport. 1° A cette époque, la monarchie était encore entière; l'Amérique n'était pas séparée. Alors il était vrai de dire

Et l'Espagne est partout où luit l'astre du jour;

au lieu qu'aujourd'hui elle n'occupe qu'une faible partie de l'espace qu'éclairaient ses rayons. 2° En 1700, l'Espagne n'était pas divisée en partis envenimés les uns contre les autres, sur les institutions mêmes de la monarchie; elles étaient bien mauvaises, ou plutôt nulles, il est vrai : au lieu qu'à cette heure la partie éclairée de la nation repousse de toutes ses forces ce que la partie ignorante soutient avec toutes les siennes, et le Gouvernement s'est fait chef de parti, et du plus mauvais parti, et, pour le faire prévaloir, il est obligé d'employer toutes les forces dont il peut disposer et dont il devrait user pour effacer l'ombre même des partis, en les consacrant tout entières à l'amélioration de l'état de la nation.

---

*Règnes de Ferdinand VII.*

Qui a été le plus malheureux de Ferdinand ou de l'Espagne, du prince ou du peuple? Triste problème, série d'infortunes que le développement de la question que nous traitons amène à cette place et nous force de traiter! On verra comme cet exposé se rattache à la question actuelle.

Ferdinand naît dans un palais régi par les dures lois de l'Orient : là les membres de la famille du prince vivent sous l'œil d'un pouvoir ombrageux; l'éclat qui les entoure est chèrement acheté par les gênes dont ils sont chargés, et la pourpre recouvre des chaînes. Comme en Orient, les palais, fermés avec tant de soins, sont ouverts aux intrigues : dès qu'il n'y a pas déshonneur et pas de lois, les intrigues ont beau jeu; aussi y abondent-elles, en attendant d'en être la victime. Ces intrigues seront le premier spectacle qui frappera les yeux de Ferdinand ; il entendra autour de lui le murmure de la nation et de l'Europe accuser ceux qu'il ne doit que respecter ; les vœux publics l'avertiront que l'espoir de la nation repose sur lui : le favoritisme en prendra ombrage ; bientôt une épouse lui sera enlevée, et la tombe ensevelira avec elle le secret de son trépas. Les maux publics augmenteront, la haine s'accroîtra à mesure contre leurs auteurs ; les complots naîtront ; ils chercheront un appui ; ils espéreront le trouver au plus près du trône, puisqu'il n'en est plus sur le trône lui-même, abandonné au favoritisme. Là commence le rôle politique de Ferdinand. Une conspiration de palais est formée contre le favori : découverte, il ne reste à Ferdinand qu'à implorer la clémence de son roi et les sentimens de son père. Malheureusement pour lui, cette affaire était sortie du palais et de l'intérieur de la famille, et par le concours de l'indiscrétion la plus irréfléchie comme la plus contraire à la dignité, il se trouvait qu'à la fois le père et le fils portaient devant Napoléon leurs doléances et des accusations réciproques (1). Celui-ci se sentit servi par elles

(1) *Voyez* sur cette conspiration de Saint-Ildephonse,

au gré de ses désirs, et dès lors il put tourner vers l'Espagne ces regards vengeurs, dans lesquels le favori dominateur de l'Espagne avait allumé la colère par une démarche dont la perfidie égalait la stupidité (1). Éclairé par elle sur la nature du gouvernement et de l'alliance de l'Espagne, dont il s'était à peine occupé, Napoléon avait, dans son esprit, arrêté les destinées de cette monarchie, que de son côté un mauvais génie poussait à sa perte. Alors éclata la conspiration d'A-

---

les lettres adressées à Napoléon par Charles IV et par Ferdinand. Napoléon ne répondit à ce dernier qu'en mars 1808, au moment d'entrer en Espagne.

(1) Il s'agit de l'appel aux armes adressé à tous les Espagnols par le Prince de la Paix. Napoléon le reçut sur le champ de bataille d'Iéna. Le Prince, sommé de donner des explications, répondit que cet armement était dirigé contre l'empereur de Maroc : c'était ajouter l'insulte dérisoire à l'outrage. Ce n'était pas un homme comme Napoléon qui pouvait s'y méprendre ; aussi jura-t-il de se mettre à l'abri du retour d'une semblable perfidie. C'est de là qu'est venue la guerre d'Espagne de 1808 ; guerre où l'on eut le tort de venger la perfidie en l'imitant. La malheureuse Espagne, bien innocente de toutes ces menées, se trouva envahie, déchirée, dévastée, parce que le palais était un foyer d'intrigues : c'est elle qui a dû payer l'odieuse élévation du Prince de la Paix, et le maintien de ce favori. Voilà ce que le despotisme coûte aux nations.

ranjuez. La couronne, remise à Ferdinand par Charles IV, revendiquée par celui-ci, lui fut rendue à Bayonne, pour être déposée à jamais entre les mains d'un puissant arbitre, invoqué sans prudence et sans aucun moyen de résister à ses arrêts. Ainsi se termina le scandale de ce grand procès, dans lequel le père et le fils vinrent montrer les maîtres d'un trône environné d'hommages orientaux, plaidant au tribunal d'un étranger, qui mit fin à leurs débats en les dépouillant l'un et l'autre. Ferdinand avait rejeté l'offre du trône d'Étrurie, en échange de celui des Espagnes : refus noble, et d'autant plus noble, qu'alors il était dangereux. Là commença la gloire de l'Espagne, et les malheurs de Napoléon, destiné à un sort encore plus cruel que celui qu'il faisait subir à une famille victime du mauvais ordre de gouvernement qu'elle avait trouvé établi en Espagne.

Par là on peut compter pour Ferdinand quatre règnes distincts :

1°. De l'avènement fait à Aranjuez à l'abdication de Bayonne, par Charles IV et par Ferdinand ;

2°. De la restauration de 1814 à l'établissement de la constitution, en 1820 ;

3°. De cette constitution à la deuxième restauration de 1823 ;

4°. De la restauration de 1823 jusqu'à l'époque présente.

Ce sont bien quatre époques distinctes! Parmi ces règnes, un a été passager, un constitutionnel, et deux absolus. Que s'est-il passé sous ces quatre règnes? Quel a été le moins infortuné? Le premier règne absolu, celui de 1814, se consume en intrigues, en changemens de ministres, et, de *camarilla* en *camarilla*, on arrive à la révolution de l'île de Léon. Le second règne absolu n'est pas plus prospère; il s'est passé à proscrire, à *purifier*, à exiler, à confisquer, à créer des jésuites, à recréer les moines, à aller de *Victor Saez à M. Calomarde et au père Cyrille.* Vingt fantômes de ministres ont plané ou glissé sur ce théâtre mobile, pour s'évanouir dans les rigueurs de l'exil; car telles sont encore les mœurs de l'Espagne : et d'aberrations en aberrations, on est arrivé au coup de main tenté contre le Portugal. Les mêmes causes ont ramené les mêmes effets; elles les ramèneront encore : l'irrésistible nature des choses le veut ainsi. Mais quelle est cette nature des choses qui représente sans cesse les mêmes résultats, et qui, de siècle en siècle, de dynastie en dynastie, frappe l'Espagne des mêmes fléaux? Car ici, il est bien évident qu'il y a quelque chose en dehors et comme au-dessus des hommes, qui domine leur action propre, qui la fait plier d'après elle, et non pas d'après eux. En effet, les princes autrichiens et les Bourbons n'ont aucune affinité entre eux : par là même qu'ils se sont remplacés, il a dû se rencontrer entre eux quelque chose de cette antipathie qui trop souvent, ou sans modération, pousse à faire, non en vue de mieux, autrement qu'il n'a été fait par les devanciers ; et cependant les Autrichiens et les Bourbons d'Espagne sont également arrivés au terme fatal. Car sûrement il n'y a sous aucun des rapports qui constituent la vitalité des états, la moindre différence entre l'état de l'Espagne à la fin du règne de Charles II, et celui où elle se trouve sous Ferdinand VII. Pas plus dans ce temps-ci que dans l'autre, il n'y a armée, flotte, finance, police, administration, considération au dehors même ; sous quelques rapports, il y a même *baisse* dans l'état actuel ; car alors l'Espagne n'était pas divisée par l'action des partis, et la totalité de ses possessions continentales et coloniales lui restait. Aujourd'hui, semblable à un arbre que le fer a mutilé, l'Espagne ne présente plus qu'un *tronc nu*, dépouillé de ces bras longs et vigoureux qui couvraient au loin de leur ombre tout ce qui l'environnait. La présence de l'action qui a produit dans les deux époques ce retour uniforme à la dégradation de l'Espagne est donc incontestable ; et comme des effets aussi grands et aussi constans ne peuvent provenir que d'une cause puissante, pour que les effets soient, comme ils doivent l'être, proportionnés aux causes, il est naturel de chercher ce mobile dans les deux principes qui agissent le plus fortement sur les hommes, le gouvernement et la religion.

---

## CHAPITRE V.

### *Gouvernement et Religion de l'Espagne.*

A la longue, les hommes en masse ne sont que le résultat de leur gouvernement et de leur religion : le poids et la continuité avec laquelle ces deux mobiles agissent sur un être aussi faible que l'homme, finissent par le modeler d'après eux. L'un dispose de la vie et de la fortune, l'autre de l'esprit : qui peut résister à une influence aussi décisive ? L'homme physique est façonné d'avance par l'ordre dans lequel il vit ; l'homme moral trouve son esprit déjà occupé par la religion, avant qu'il ait pu mettre cet esprit en jeu pour sa défense propre contre les impressions mêmes de cette religion : car celle-ci, dans l'homme, préexiste à son esprit, et le dirige par des moyens qu'il n'a pas faits, et par des voies qu'il n'a pas tracées. Tout cela est fort singulier, mais est vrai ; l'histoire de l'humanité en est la preuve : voyez-la dans tous les âges, dans tous les climats, chez les anciens comme chez les modernes ; voyez comme elle est faite, et où elle en est depuis moins de soixante siècles de création ; cherchez où s'étendent la population, les lumières, la civilisation ; regardez quelles lois et quels cultes régissent les diverses contrées ; interrogez l'Égypte, l'Asie-Mineure, la Grèce, demandez-leur ce qu'elles furent aux temps de leurs savantes et sages institutions, ou sous des mains appliquées et habiles ; entendez-les répondre : Le despotisme et l'Alcoran nous ont conduits là ; ils nous coûtent notre richesse et notre gloire. Voilà ce que, de son côté, peut dire l'Espagne ; son histoire en fait foi. Jusqu'à Charles-Quint, l'Espagne a joui de libertés peut-être exagérées ; ses institutions, filles des barbares du Nord, se ressentaient de leur origine ; dignes d'indulgence, par cela seul qu'elles mettaient au moins à l'abri du despotisme. Ce n'était pas un gouvernement qui satisfît entièrement la raison, mais ce n'était pas non plus le despotisme qui la brise, qui commande l'abrutissement au nom et au profit de l'obéissance. Dans ces gouvernemens, le prince est tout, le peuple n'est rien ; la nation, c'est le palais : pour y entrer, il faut défaire sa chaussure ; pour le regarder, il faut voiler sa face. Là le prince est un être surnaturel, plus près de la divinité que de l'homme (1). Dès que

---

(1) *Discours de don Arias, président du Conseil de Castille.*

« Il disait donc à notre petit roi, que nous étions tous » ses valets ; le cardinal Porto Carrero comme les autres, » et lui roi, le maître ; qu'il était indépendant, absolu ; » que tout ce qu'il voulait devait être fait sans réplique » et sans retard ; que toute la monarchie espagnole, quand » elle serait assemblée, n'aurait que voix consultative, et » lui seul voix décisive ; qu'enfin, tous les plus grands » ministres, et même M. le cardinal, devant lequel il » parlait, quoique archevêque de Tolède, primat du » royaume et cardinal, n'avait qu'un seul ange gardien, » mais que *les rois en avaient deux*, dont l'un pour pré- » sider au gouvernement de leur état, infiniment plus » habile que l'autre ; de sorte qu'il croyait comme article » de foi qu'un roi d'une médiocre capacité, par le se- » cours de son ange, était plus habile que le meilleur et » le plus savant ministre. Qu'au reste, Dieu lui avait » donné une monarchie despotique, et plus despotique

le prince est *tout*, *tout* aussi dépend de l'approcher, et de se faire accepter par lui : c'est ce qui a rempli l'histoire et peuplé les palais de ces hommes si funestes à leurs maîtres et aux peuples, depuis *Aman jusqu'au Prince de la Paix*; race d'hommes impossible avec des institutions, mais inévitable sans elles. Quand la religion joint son

---

» qu'aucune autre de la chrétienté, et dans laquelle la » remontrance n'était même pas permise, autrement que » par ordre. »

(*Mémoires de Louville*, t. I, p. 119.)

N'est-ce pas pour des hommes de cette espèce, et pour des *Villeroi*, qui, jugeant des nations par eux-mêmes, osent dire à de jeunes princes, en empoisonnant leur esprit par ces affreuses maximes, du peuple assemblé sous leurs yeux : *Tenez, mon maître, tout ce que vous voyez là est à vous!* N'est-ce pas pour eux que Racine a dit :

> Détestables flatteurs, présent le plus funeste
> Que puisse faire au roi la colère céleste.

On ne voit pas que l'ange gardien de Louis XIII lui ait rendu inutile le cardinal de Richelieu, ni que celui de Louis XIV ait remplacé Condé, Turenne et Colbert.

N'aurait-on pas pu demander à M. le conseiller espagnol à quoi s'occupait l'ange gardien des rois de la dynastie autrichienne; et celui de Charles IV aurait bien dû chasser le Prince de la Paix.

action à un fardeau déjà si pesant, l'esprit de l'homme reste sans action propre, et comme sans liberté : si la religion est bien entendue, elle peut défendre l'homme contre les fléaux du despotisme; mais si elle l'est mal, elle achève l'œuvre de celui-ci, et laisse l'homme sans ressources.

Voyons si ce n'est pas là ce qui a été fait pour la malheureuse Espagne. Elle a des institutions et des libertés; c'est le temps de ses héros, de ses faits d'armes, de ses grandes découvertes, de ses mœurs chevaleresques, dont l'éclat, même dans ses bizarreries, avait séduit et modelé l'Europe. Le despotisme arrive, la superstition marche de concert avec lui; le génie décline, l'éclat s'efface; du *Cid* et du *grand capitaine*, on arrive aux *camarillas*.

Sous la dynastie autrichienne, depuis Philippe II, le prince n'est plus qu'un personnage de représentation : les Olivarès, les de Lerme exercent seuls le pouvoir. L'État chancelle et s'affaisse sous Charles II; le roi véritable était une favorite étrangère (1). Depuis Philippe V, que de favoris

(1) La comtesse de Berleps, Allemande, dame d'honneur de la reine, princesse allemande. Cette femme exploitait l'Espagne avec effronterie. Un religieux carme se vantait que plusieurs millions avaient passé par ses mains.

arbitres de l'État, et, par une fatale singularité, presque tous ont été étrangers : la princesse des Ursins (1), Albéroni (2), le musicien Farinelli, Esquilaci, le Hollandais Riperda, enfin, le Prince de la Paix; aussi la dynastie française, au moment de sa chute à Bayonne, et dans ce moment, retrace-t-elle ce que fut la dynastie autrichienne au moment de son extinction.

Au temps des libertés espagnoles, l'action de la religion n'avait pas altéré l'esprit des Espagnols.

---

pour le compte de cette dame, qui avaient servi à payer de belles terres, achetées par elle sur les bords du Rhin. C'est ce que firent en France les Italiens amenés par les Médicis. Devenus favoris du prince, ces hommes se firent spoliateurs de l'État. En tout temps, ou tout pays, ils sont les mêmes; ils savent que la faveur passe, et que l'argent reste. (*Mémoires de Louville.*)

(1) Louville rapporte qu'en passant à Fréjus, l'évêque de cette ville, depuis cardinal de Fleury, lui dit, en parlant de la princesse des Ursins : *Elle a l'honneur d'être la plus méchante femme vivante.* Au rapport de Louville, cette femme avait comme ensorcelé le roi et la reine d'Espagne, au point de lui faire dire d'elle : *Décidément cette femme a mis le roi et la reine dans sa poche.*

(*Mémoires de Louville*, p. 369—379.)

(2) L'histoire de la honteuse fortune d'Albéroni est assez connue : il finit après avoir amené l'Espagne sur les bords d'un précipice. Qui a vu un seul de ces favoris, les a vu tous.

Alors le clergé était militant, comme le reste de la nation; il partageait ses travaux. Quand ils ont fini, l'action de la religion a pris un autre cours. Sous l'inspiration des jésuites, création des temps despotiques, appui général du despotisme, la religion a tourné à la superstition, comme moyen de domination sur les esprits. Par là, elle s'est associée au despotisme, et le culte a absorbé la religion; celle-ci est devenue toute cérémonielle; l'acte extérieur a pris la place de l'acte intérieur, destiné à former l'homme à l'image de celui auquel il adresse ce culte. La mendicité a usurpé la place de la charité; les rivalités monacales ont tenu plus de place que les rivalités nationales, et la grande affaire a été d'arriver au confessionnal du prince: heureux l'ordre dont le membre montait à ce poste, objet de l'envie de tous les autres ordres! L'Epagne a eu ses Laniez, ses d'Aubenton, comme la France a eu ses Lachaise, ses le Tellier. Dans les deux pays, ces hommes, et ils étaient jésuites, ont produit les mêmes effets.

Le déclin de l'Espagne date donc de la perte de ses institutions: avec cette clef, tout s'explique, et il ne faut pas une grande portée d'esprit pour apercevoir qu'un pays, livré par le mode de son gouvernement aux favoris et aux *camarillas*, ne peut qu'être en proie au désordre et finir par se perdre, en perdant peut-être beaucoup d'autres.

Nous allons confirmer ce qui vient d'être dit par un aperçu rapide sur l'Espagne. Ce pays est très mal jugé; on lui prête les vices qu'il n'a pas, et l'on s'en sert ensuite pour lui refuser les moyens de faire éclater les vertus qu'il a.

---

## CHAPITRE VI.

### *De l'Espagne.*

Distinguons le matériel et le personnel, ou moral.

L'Espagne est dans les justes proportions qu'un état peut désirer d'avoir, loin de la petitesse qui exclut la force, loin de l'étendue démesurée qui à son tour exclut la vigilance, la rapidité et l'énergie de l'action. La position de l'Espagne est admirable, enrichie et défendue par deux mers, protégée sur son front par une chaîne de montagnes, contre les attaques continentales, qui ne peuvent l'atteindre que d'un seul côté. Sol, climat, tout concourt à sa prospérité; ses productions sont aussi abondantes que parfaites par leurs qualités, aussi opulentes que variées : chez elle, tous les règnes de la nature sont marqués au coin de la perfection ; peut-être dans aucune autre contrée cette précieuse supériorité dans les productions de la nature ne se marque-t-elle d'une manière aussi prononcée qu'elle le fait en Espagne.

Quant au génie espagnol, aux facultés des hommes de cette contrée, qui pourrait leur attribuer quelque infériorité avec celles des autres peuples? Ne sont-ils pas méridionaux, c'est-à-dire spirituels et passionnés? En quel pays l'imagination des hommes fut-elle plus féconde en fictions, plus hardie dans sa course? La patrie de Lucain, des Sénèque est celle des Cervantes, des Calderon, des Lopez de la Vega et de mille autres. Les défenseurs de Sarragosse sont les compatriotes des défenseurs de Numance et de Sagonte (1). Les

---

(1) Rome et la Grèce peuvent-elles citer un mot supérieur à celui du défenseur de Sarragosse, *Palafox*. Il apprend, dans un souterrain où l'avait relégué une grave blessure, que Sarragosse a capitulé; oubliant ses douleurs, il s'écrie : *Si j'eusse été debout, elle aurait tenu trois jours de plus.*

Dans la guerre de 1823, des militaires français d'un

Cid, les Gonzalve de Cordoue, les ducs d'Albe, les Cortès, les Pizarre, les Almagor, attestent le courage héroïque des Espagnols.

» Si l'Espagne actuelle embarrasse l'Europe par sa faiblesse, elle l'embarrassa long-temps par sa force : on l'a vue conquérir l'Amérique d'une main, et dominer l'Europe avec l'autre. Ce n'est pas l'Espagne qui a manqué à rien, mais c'est un bon emploi de ses forces qui a manqué à l'Espagne. Si sa population est petite, c'est son gouvernement qui s'oppose à ses progrès. La preuve en est dans l'accroissement obtenu depuis 1700 jusqu'en 1789; il dépassa 3,000,000 d'hommes. La seule ouverture de dix ports au commerce direct avec l'Amérique, accordée en 1778, dans l'espace de quelques années, produisit un grand accroissement dans les villes, et sur tout le littoral. La population de Barcelone passa de 75,000 hommes à 150,000. L'Espagne est susceptible d'atteindre

---

grade élevé sont logés dans une maison de bonne apparence; les maîtres étaient attachés au système constitutionnel : au lieu de se placer à table à côté de leurs nouveaux hôtes, ils se mettent derrière eux, et sur les instances de ces militaires de s'asseoir avec eux, *Non*, répondent-ils, *nous ne sommes plus les maîtres chez nous; c'est à nous de vous servir.*

et de nourrir une population de 50,000,000 d'hommes. La situation, les occupations maritimes, si favorables à la population, l'opulence du sol, la puissance du soleil, la salubrité du climat, tout concourt à la prospérité de ce pays. Il touche à la France et presque à l'Afrique; il est peu séparé de l'Italie. Le vaisseau qui sort de ses ports n'a pas à affronter l'inclémence des golfes de Lyon et de Gascogne, ni le déchaînement des tempêtes qui soulèvent les mers sauvages du nord de l'Europe. La révolution de l'Amérique prépare un immense avenir au commerce espagnol, favorisé par tous les rapports qu'établit la consanguinité. L'Espagne a donné le modèle de ces sociétés où chaque citoyen vient payer à sa patrie le tribut de son zèle et de ses lumières, et que ce noble but a fait décorer du titre bien légitime de sociétés patriotiques. En 1793, l'Espagne comptait plus de soixante-douze de ces sociétés, nombre supérieur à celui de ces mêmes sociétés existant alors dans aucun pays de l'Europe; et, chose honorable pour le caractère espagnol, les prétentions, ailleurs si altières, des rangs et de la naissance, viennent déposer leur fierté au sein de ces sociétés, asile d'une égalité inconnue dans tous les autres lieux. Là, un archevêque de Tolède, un duc de Médina-Céli se voient assis à côté du modeste artisan ; et le patriotisme, effaçant toutes les distances, fait accueillir les lumières de quelques sources qu'elles viennent. (Voyez le *Voyage de Bourgoin en Espagne.*)

Religieux, sobre, patient, infatigable, désintéressé, probe, le cœur et l'esprit ouverts aux affections les plus généreuses et aux pensées les plus élevées, attaché à son sol, à ses mœurs, l'Espagnol est fondé à placer un noble orgueil dans le prix auquel il se met lui-même ; et les vainqueurs des Maures, les conquérans de l'Amérique, les dominateurs de l'Europe sont riches de trop de souvenirs pour passer pour des usurpateurs, quand ils réclament un premier rang parmi les nations. Maintenant, pour accorder tant de moyens et tant de titres avec l'état actuel de l'Espagne, il faut revenir à l'effet produit par la coalition du gouvernement et de la religion, qui, depuis trois cents ans, travaillent à défaire ce qu'a fait la nature, et à dégrader le moral de la nation, pour la régenter plus à l'aise. Le gouvernement espagnol a fait sur l'Espagne l'épreuve que de son côté l'Espagne avait faite sur l'Amérique : pour la retenir sous son empire, l'Espagne a fait l'Amérique pauvre, déserte et ignorante. Pour garder l'empire sur l'Espagne, son gouvernement lui a interdit de prospérer ; il a préféré de régner sur la stérilité. De là une grande méprise : on a vu un peuple inerte, sans travail, on a dit : ce peuple est paresseux. Ils sont paresseux par nature ; les enfans de ceux qui pendant sept cents ans ont combattu les Maures ! Ils sont paresseux, les conquérans de l'Amérique ! ceux dont les armées parcouraient l'Italie, l'Allemagne, les Pays-Bas, portaient un fer vengeur sur les côtes de l'Afrique ! ceux qui, dans de frêles barques, volent de Barcelone à Buénos-Ayres, à Lima ! courent de Cadix aux Philippines et à la Californie, familiarisés avec les tempêtes du cap Horn et les calmes de l'Océan Pacifique. C'est le seul peuple de l'univers dont presque toute la nagivation soit toujours de long cours. Les Espagnols sont paresseux comme les Romains d'aujourd'hui, et par la même cause ; elle est dans les couvens. Ceux-ci ont fait le peuple pauvre en occupant le sol ; en rejetant les charges de la société sur ce peuple ; ils lui offrent en dédommagement une sale nourriture, n'aspirant qu'à peupler le monde de *lazzaronni*. Qu'on observe l'Espagne : où se trouve le siége de la mendicité ? dans les Castilles, dans les provinces méditerranées, où le travail manque ; où le clergé possède tout. Mais travaille-t-on en Catalogne, dans les Asturies, à Cadix ? sur tout le littoral de la Méditerranée ? Il faudrait donner aux peuples le goût des jouissances. Le gouvernement et le clergé en Espagne n'ont songé qu'à les diminuer ; et quand on a réussi à plonger des hommes dans la dégradation et dans l'inertie, des voix inconsidérées viennent dire : Tel peuple est paresseux, incapable, affecté de maladies morales. On lui expédie lestement un brevet d'*incurable*. Eh ! non, il n'y a point d'incurables parmi les nations ; il n'y a de mauvais que des gouvernemens, et des religions dirigées contre leur nature véritable, celle d'épurer le cœur humain. Partout les hommes sont les mêmes ; ils ont des passions et des bras (1), et avec cela tout se fait, et rien ne reste à faire. Voyez les Russes d'aujourd'hui et ceux du czar Pierre ; les Américains de Colombie et ceux du règne de l'Espagne ; les Turcs de

---

(1) Ce mot est de Napoléon ; il répondit par lui à des observations de cette vulgaire nature, qu'on lui adressait sur les Italiens. Ont-ils des passions et des bras? répliqua-t-il. La métamorphose de l'Italie, au bout de quelques années d'éducation française prouva la justesse de son appréciation de la nation sur laquelle il travaillait ; et quand on en vint à la grande épreuve des terribles champs de bataille de cette époque, les troupes italiennes, formées bien fraîchement, ne se montrèrent pas inférieures aux troupes françaises. Les bonnes institutions forment bien et vite leurs élèves.

1826 et les Turcs de Soliman et de Mahomet; et en prenant la marche inverse, les Espagnols de nos jours et ceux du temps de Charles-Quint.

Chaque peuple à son tour a brillé sur la terre.

Le peuple espagnol a pris une belle part dans les rayons de gloire qui ont couronné tour à tour le front des nations. S'il n'est donné à aucune de les fixer, il l'est toujours de les rappeler; et quand l'Espagne aura le gouvernement qui crée les moyens de gloire, celle-ci lui reviendra, comme dans un domaine qu'elle a long-temps possédé.

Il faut bien se garder d'imputer au caractère espagnol la teinte africaine qui s'y fait remarquer, comme on la distingue sur les traits du visage des Espagnols, ainsi que sur le sol de l'Espagne et sur ses productions. La nature ne fait rien par saccades; chez elle, les nuances vont en se dégradant insensiblement, et ne s'effacent que dans l'espace. L'Espagne est trop voisine de l'Afrique pour ne pas participer à ses attributs. De plus, l'Afrique a pendant long-temps cohabité avec l'Espagne; les sangs se sont mêlés comme les mœurs, et les mœurs avec le sang. Une lutte de sept siècles a fait vivre dans un rapprochement habituel les Espagnols et les Africains, et en se combattant, ils s'assimilaient sans s'en apercevoir. Le langage de quelque partie de l'Espagne et un grand nombre de dénominations d'hommes et de lieux sont empruntés de l'Afrique ; l'oreille la sent, comme l'œil la voit dans toute l'Espagne. Le travail du gouvernement et de la religion eût dû être de chasser ces mœurs dures avec ceux qui les avaient importées. On a fait le contraire; on a expulsé les hommes, on a gardé les mœurs. L'Afrique morale est restée en Espagne ; le palais a continué d'être de l'Afrique et de l'Orient ; les lois atroces, les procédés barbares, la séquestration avec les autres peuples maintenue ; la religion réservant ses forces pour astreindre l'homme à la rigoureuse observance des formes, l'enveloppant, mais ne le pénétrant pas, le sacrifiant sur des autels de sang, l'infatuant de crédulités bizarres. Passé ainsi au creuset du despotisme, au crible de la superstition, le peuple espagnol, victime de ces deux mobiles, a perdu l'usage de ses vertus, mais il en a gardé le fond ; on l'a retrouvé dans sa défense de 1808, et dans un grand nombre de membres de ses Cortès. L'absence des institutions a perdu l'Espagne, lui a donné cette physionomie de dégradation qui l'expose à des jugemens défavorables, parce qu'ils sont mal basés. L'Espagnol rentrera dans le plein exercice de ses qualités, lorsqu'il rentrera dans la jouissance de ses institutions. Semblable à ces digues qui arrêtent l'écoulement des eaux, le gouvernement de l'Espagne a formé l'obstacle au développement des admirables qualités qui appartiennent aux Espagnols. Tout le mal est venu de lui, et tout bien peut venir d'eux.

---

## CHAPITRE VII.

*L'Espagne par rapport à l'Europe.*

On vient de voir que l'Espagne et les Espagnols sont bons à tout, et qu'ils ne servent à rien. Membre de la grande famille européenne, au lieu de lui porter un tribut d'utilité proportionné à ses facultés, l'Espagne n'apporte plus à l'Europe que des embarras; elle est en tête des sollicitudes inquiètes de cette contrée. Tantôt c'est un enfant dont il faut soutenir la faiblesse; tantôt c'est un furieux dont il faut réprimer la force déréglée. Il semble que tout devrait être opposition entre l'Espagne et la Turquie : par un rapprochement contre nature, il se trouve mille conformités difformes entre ces deux contrées. En effet, de part et d'autre, égal est le despotisme, égales les intrigues du sérail et du palais, égale l'influence des imans et des moines, égale la pénurie du gouvernement, la sécheresse du trésor, le vide des ports et des arsenaux; égale l'absence de police et d'administration. Les capitaines généraux d'Espagne obéissent à peu près comme les pachas, et les volontaires royalistes n'ont rien à envier aux janissaires (1). Dans ce désordre commun, si quelque supériorité entre ces deux pays se laisse apercevoir, qui le croirait? elle se trouverait en Turquie; car là du moins on fait quelques efforts pour avancer. De lui-même, le gouvernement se porte à quelques réformes; on vient de le voir entrer dans les voies de la vraie civilisation, en supprimant la confiscation, au

(1) Voyez la conduite des capitaines généraux Longa, Équia, Quezada, et d'un grand nombre d'autres fonctionnaires militaires et civils: ce sont eux qui ont favorisé les entreprises de Chavez, soit en contrevenant aux ordres patens du roi, soit en obéissant à des ordres secrets. C'est ce qui arrive quand les hommes se mettent à distinguer entre les devoirs de leurs places et les intérêts de leur parti; ils disent ensuite qu'ils connaissaient les intérêts du prince mieux que lui-même, et qu'ils l'ont servi malgré lui. C'est la mise en œuvre du fameux *vive le roi quand même!*

lieu qu'on la maintient en Espagne, et que là on se fait gloire de se tenir ferme, et comme écroué dans les odieuses et absurdes pratiques que les Vandales ont déposées sur le sol de l'Espagne en la traversant, et dont ses directeurs politiques et religieux conservent précieusement l'héritage. Mais ce qui rend les désordres de la Turquie moins sensibles pour l'Europe, c'est la séparation absolue de ce pays avec le reste de l'Europe; tandis que l'Espagne est collée sur l'Europe comme la chemise du Centaure. Si la Turquie n'aide pas, du moins elle ne trouble pas; au lieu que l'Espagne trouble en n'aidant pas. Voyez ce qui se passe en Espagne depuis 1814. Dans dix ans, elle compte deux restaurations. Ont-elles été opérées par la force des bras des gouvernans? Non; une force étrangère a dû y suppléer. Ainsi, voilà un pays tombé deux fois, et qu'il faut toujours se tenir prêt à relever de ses chutes. A quoi donc cet état sert-il à l'Europe? Aujourd'hui que tout est apprécié et connu, qui oserait décharger l'Espagne de sa part de responsabilité dans la création des mobiles qui ont préparé le 20 mars 1815? Il n'est plus de saison de parler de conspirations; le grand justicier, le temps, a tout remis à sa place, et tout ramené à sa juste valeur. Enfant des fautes communes commises à cette époque, le 20 mars n'appartient à personne en particulier : les individus ne font pas des évènemens de cette dimension ; ils ne sont pas de mesure avec eux. L'apparition d'un homme sur le sol qui le repoussa quelques mois auparavant ne suffit pas pour le retourner en totalité, s'il n'a été préparé d'avance par des causes puissantes et qui dépassent la portée du pouvoir d'un individu. Ces causes se trouvaient à Vienne, où l'on dénombrait les *âmes* comme des arpens de terre ; à Rome, où l'on rétablissait les jésuites ; à Madrid, où l'on proclamait le droit divin, où l'on envoyait dans les galères d'Afrique ceux qui avaient défendu le trône, glorifié l'Espagne, et ravivé l'Europe abattue ; à Paris, où l'on multipliait les actes repoussés par l'opinion. Le mal ne pouvait échapper à un œil vigilant, intéressé à en suivre les progrès ; et quand la mesure lui parut comblée, une main forte et habile n'eut qu'à saisir le levier créé par la malhabileté : alors les abîmes s'ouvrirent ; mais qui les avait creusés ? Que n'a-t-il pas été fait en Espagne depuis 1814 jusqu'à la révolution de 1820 ? Les trois années de sa révolution ont été une série d'inquiétudes pour l'Europe. Depuis la restauration de 1823, l'Europe n'a-t-elle pas eu à s'occuper sans cesse, comme sans fruit, de la direction du cabinet de Madrid et de l'état intérieur de l'Espagne. A-t-elle pu empêcher les violences, les désordres, l'empire monacal de s'accroître et d'envahir, de devenir le gouvernement véritable de l'État? Il s'est divisé, et comme brisé entre les partis; l'audace de l'un ne s'est pas même arrêtée au pied du trône. Profanateurs sacriléges de cette légitimité dont ils décorent si factueusement leurs drapeaux, et dont ils font un joug si dur pour les autres, ces hommes ont osé désigner pour occuper le trône *un homme suivant leur cœur,* c'est-à-dire un ministre présumé de leurs passions. En tout, depuis 1814 et 1823, le gouvernement espagnol, avec son droit divin et son absolutisme, n'a montré de force que pour tuer, exiler, confisquer, fort contre les individus, impuissant contre les choses. C'est le propre de ces gouvernemens, terribles pour frapper, incapables d'établir et de régir.

En passant de ces considérations générales à l'application spéciale envers l'ordre politique de l'Europe, voyons ce que l'on peut attendre pour lui de l'Espagne, dans son état actuel.

On peut dire que par la liaison qui existe entre les divers états de l'Europe, ils forment une espèce de république dont toutes les parties se soutiennent réciproquement, liées entre elles par une espèce de contrat d'assurance mutuelle. Du côté du nord se trouvent trois grandes puissances militaires et d'ordre absolu; parmi elles, il en est une capable d'exécuter une invasion sur l'Europe au jour où elle se laisserait séduire par le plaisir d'user de ses immenses forces. Avec cette puissance, la garantie du repos de l'Europe a changé de nature; elle doit se trouver, elle existait dans la mesure des pouvoirs, en état de se balancer; elle est rompue par la survenance de ce pouvoir disproportionné avec tous les autres. Avec Rome et sous Napoléon, où se trouvaient les garanties pour les autres états? Il en est de même par rapport à la Russie : de son côté, ce n'est plus que le caractère personnel du prince qui garantit d'elle le reste de l'Europe. Sous les anciens souverains de la Russie, étrangers à la civilisation moderne, avec le même pouvoir, l'invasion générale serait déjà tentée. Dans cet état de choses, bien nouveau, il est vrai, mais bien certain, le frêle édifice de la balance des pouvoirs européens doit souffrir de toute déperdition de forces dans l'association générale. Celle-ci représente deux armées rangées en bataille; l'Angleterre et les Pays-Bas en forment l'aile gauche, la France le centre; l'Espagne et l'Italie devraient former l'aile droite; mais à leur place que trouve-t-on?.. *le vide.* Cependant ces deux contrées renferment

30,000,000 d'habitans; elles sont aptes à fournir un revenu de 400,000,000 francs. Voilà un retrait immense fait aux forces de l'Europe; et ce retrait, qui le cause? Le gouvernement imposé à ces contrées. Si on laissait agir leurs facultés naturelles, ces deux pays seraient très secourables pour l'Europe dans la nouvelle tâche qu'elle a à remplir, tandis qu'ils sont pour elle comme s'ils n'existaient pas, ou même quelque chose de pire, comme on le voit pour l'Espagne.

# CHAPITRE VIII.

## *Des garanties à demander à l'Espagne.*

Les états ne doivent pas céder en prévoyance aux particuliers. Quand ceux-ci traitent, ils commencent pas s'assurer des facultés et de la moralité de leurs compétiteurs. Les états ne doivent pas être moins précautionnés; ils doivent même l'être davantage, en raison de la gravité des intérêts qui se traitent entre eux, et des conséquences qu'ont les traités, suivant qu'ils sont bien ou mal cimentés. En recherchant l'histoire, on trouverait que la plus grande partie des guerres qui ont affligé l'humanité proviennent de traités faits à la légère, dictés et acceptés par l'irréflexion, et remis à la garde d'une confiance dont les bases étaient mal calculées. Cette exigence d'examen se reproduit dans la question actuelle. L'Espagne vient de faire courir un grand danger à l'Europe; il est dissipé dans une de ses parties apparentes et comme accidentelles, car l'acte armé contre le Portugal n'était pas autre chose; l'acte essentiel, générateur de la crise qu'on vient d'éprouver, était ailleurs. La paix est le vœu et le besoin de l'Europe; quelles garanties doit-on demander à l'Espagne qu'elle ne la troublera plus? Voilà la question à laquelle conduit l'ordre logique du sujet que nous traitons. Il y a deux manières de traiter les affaires, à fond, ou bien à la surface, pour un temps ou pour toujours; d'après les hommes ou d'après les choses, en vue de grands intérêts ou d'intérêts peu importans, en profitant judicieusement du temps ou en lui remettant le soin d'une conclusion définitive. Les partis décisifs, ceux qu'on appelle héroïques, sont toujours les plus sûrs; ils portent avec eux cette économie de temps et de frais inhérente aux choses sur lesquelles il n'est pas besoin de revenir. Les vrais architectes reprennent dans les fondemens les édifices ébranlés, en laissant aux apprentis à recouvrir les lézardes d'un enduit trompeur pour l'œil, mais bien inutile pour la solidité. Nous allons donc demander : Que veut-on à l'égard de l'Espagne ? apaiser une tempête passagère, ou bien faire qu'il n'y ait plus de tempête ? Les vents peuvent bien être confinés et renfermés dans l'antre d'Éole ; mais s'il n'y avait plus de vents, il n'y aurait plus besoin ni d'Éole ni de son antre. Appliquons ces principes aux garanties de l'Espagne. Elle a été prise en flagrant délit de perturbation publique de la paix de l'Europe ; celle-ci s'est récriée contre le fond et contre la forme du procédé. La France et l'Angleterre se sont trouvées réunies dans les mêmes réclamations ; elles ont proclamé leur alliance dans la vue de ramener à l'ordre le cabinet perturbateur. L'Angleterre, liée par des traités avec le Portugal, a armé rapidement en sa faveur. Le fait hostile contre le Portugal, comme il était naturel de s'y attendre, a tourné promptement à la mort ; il a pris fin. On ne demande rien à l'Espagne dans l'ordre matériel, pas un village, pas un écu ; mais on veut des garanties contre le retour d'actes pareils à celui qui a causé le mouvement qui a ébranlé le sol pacifié de l'Europe ; et l'on a grandement raison de procéder ainsi. Mais ici se présentent les deux voies que nous avons indiquées : nous sommes devant l'embranchement de deux routes, entre lesquelles il faut choisir. Sortir de cet embarras paraît être une chose fort simple ; elle se réduit à demander d'où est provenu l'acte qui a excité les réclamations et les sollicitudes de l'Europe. Est-ce de la nature du gouvernement, ou bien des positions personnelles des gouvernans ? S'il y a action certaine d'un principe constitutif de l'état, c'est à lui qu'il faut demander des garanties : le mal est permanent, inhérent aux choses ; il faut s'en prendre à elles. Si le fait est provenu seulement d'agens dont le déplacement éloigne la crainte fondée d'une rechute, c'est à eux qu'il faut s'adresser, et un changement d'hommes suffira. Mais c'est là précisément que se trouve la difficulté, savoir à quoi attribuer cet acte. Pour le reconnaître et le fixer d'une manière sûre, que peut-on faire de mieux que de prendre l'histoire pour guide? Si elle montre l'Espagne gouvernée par les mêmes principes sous les deux dynasties, et retombant toujours dans les *camarillas ;* si l'on trouve les *camarillas,* depuis 1814, comme elles furent en 1700, sous Charles II, depuis 1701 jusqu'en 1764, sous Philippe V et ses fils, Louis et Ferdinand VI, il sera prouvé par là même que le gouvernement d'Espagne porte dans son sein un principe constitutif assez fort pour résister au changement même de dynasties ennemies. Les dynasties ne se succèdent pas en vue de se ressembler : si donc elles ont, malgré leur différence, fini par retomber aux mains des *camarillas*, il sera naturel d'en conclure que le gouvernement espagnol renferme un principe générateur de *camarillas*, auquel rien ne pourra résister, et qui, uniforme dans son principe, le sera aussi dans ses actes et dans ses résultats. Or, ce principe est le pouvoir absolu exercé à la manière de l'Espagne. Dans ce pays, il est d'une nature différente de ceux qui ont lieu encore dans quelques contrées de l'Europe. Là les mœurs privées des princes et la civilisation générale tempèrent, dominent même l'action de ce pouvoir, ils lui imposent des freins qui ne se trouvent pas dans les lois, et qui par là même n'en sont que plus forts ; là on n'oserait plus se permettre certains actes que réprouverait la civilisation générale ou locale ; mais le despotisme espagnol est encore celui de l'Afrique et de l'Orient. Quel monarque d'Europe eût osé appeler Victor Saez à la tête de ses conseils ; eût ordonné à *tout constitutionnel* de s'éloigner à quinze lieues de tout lieu que le souverain traverserait en voyageant, eût rejeté l'emprunt des Cortès, eût envoyé au supplice Riégo, après avoir cohabité avec lui pendant deux années; eût confiné dans les galères d'Afrique les arguelés et ces députés de Cadix, dont le courage avait étonné et ravivé l'Europe? Ces actes-là ne sont pas de l'Europe; ils sont importés de l'Orient et de l'Afrique. Le mal est donc dans le genre de despotisme, qui fait de l'Espagne morale un appendice de l'Europe, comme sa position en fait un appendice géographique. L'Espagne pend, pour ainsi dire, entre l'Afrique et l'Europe, plus près, par le mode de son gouvernement, de la première que de la seconde. En Espagne, comme en Orient, comme en Afrique, la nation est dans le palais; son sort s'y traite, s'y arrête; le rôle de celle-ci est d'obéir: la *passivité* est son apanage unique; tout le reste lui est interdit. Là, les noms de publicité, de remontrances, de responsabilité sont encore à créer; il n'y a qu'un nom qui couvre tous les autres ou qui en dispense, celui *du maître*. Le palais est un temple, ses desservans y pénètrent seuls; le prince y est adoré, mais à la manière des idoles; il ne voit ni n'entend; il vit dans des nuages d'encens, mais à part et loin des rayons de la lumière. Quand par lui-même il ne peut régir l'État, l'État et lui tombent aux mains des favoris et des agens de son autorité. Leur sort ne dépend pas du bon usage qu'ils en font, mais des moyens de se soutenir auprès du prince; responsables à lui seul quand ils évitent sa colère, ils insultent à celle du public : ce fut également l'histoire d'*Aman et celle du Prince de la Paix.* Pourquoi? Parce qu'un palais d'Assyrie et un palais d'Espagne se ressemblent. Si à ce principe radical d'aberrations vient se joindre celui d'une influence étrangère par sa nature à la direction des affaires temporelles; si cette influence, déjà fort grande par elle-même, s'accroît encore par sa liaison avec une autre influence placée hors de l'État, mais agissant au dedans, alors le désordre est à son comble; et rien n'est solide et sûr avec un gouvernement organisé antipathiquement avec la raison et les motifs de confiance reçus parmi les hommes. Ailleurs, quand on traite, on ne rencontre qu'une volonté et qu'une action; en Espagne, cela est triple : gouvernement patent, *camarillas*, clergé, chacun tire à lui le prince, nominatif du pouvoir, pour en rester soi-même l'effectif. Aussi, quand et comment les affaires s'y terminent-elles? Après que chacun y a mis son infusion propre : l'un s'applique à défaire l'ouvrage de l'autre; ce qui paraît au dehors n'est pas la réalité; elle se trouve en dessous des apparences, et le gouvernement patent est une *fantasmagorie*. A force de se charger de moines et d'étendre l'empire du clergé, l'Espagne est arrivée au point où se trouvait l'empire grec, lorsque les moines se furent associés au gouvernement, voulurent décider de tout, abandonnèrent les cloîtres pour peupler les palais, déserteurs des autels et de leurs devoirs, intrus dans le monde, usurpateurs des pouvoirs de la terre à laquelle ils avaient renoncé. Mais les moines grecs étaient encore moins onéreux au gouvernement grec que les moines espagnols ne le sont au gouvernement de leur pays; car ceux-là étaient séparés de Rome, au lieu que les moines et le clergé d'Espagne, par leur alliance intime avec Rome, se rattachent au faîte même de la religion, y trouvent appui et excuses en cas de désobéissance aux lois de leur pays. Par là, le trône d'Espagne est en quelque sorte partagé entre deux pouvoirs. Traiter avec le gouvernement patent n'est donc que la moitié de la chose; derrière lui se trouve le gouvernement occulte, et puis le corps du clergé. Depuis 1814, ce corps du clergé, sous quelque nom et sous quelques habits qu'il se soit montré, n'a-t-il pas eu la part principale dans les cabales, les insurrections, les armemens, et les fournitures de toute espèce à l'appui de ces mouvemens. Eh bien! cela n'est pas accidentel en

Espagne, mais constitutif. Tant qu'il y aura despotisme, il y aura monachisme politique : de même, il fut inséparable de l'empire grec ; ce sont deux parties d'un même tout, ce sont les deux visages de la tête indivisible de Janus. C'est un cercle du vice duquel on ne peut pas sortir ; le despotisme et le monachisme espagnols doivent vivre et mourir ensemble. Avec *el re netto*, il est indispensable qu'il y ait un *père Cyrille*, et ses 30,000 moines, plus riche, mieux informé, et surtout mieux obéi que le roi d'Espagne. Il faut s'arranger sur cela, car, désormais, on ne trouvera plus autre chose en Espagne avec la continuation de son mode actuel de gouvernement (1). Mais hors de la correction radicale d'un pareil gouvernement, où trouvera-t-on des garanties contre tous les élémens de pertuabation qui se rencontrent et qui fermentent en lui et autour de lui ?

Deux voies seulement restent ouvertes : les promesses et engagemens pris par le gouvernement espagnol ; un changement dans le personnel du cabinet, suivi de quelques amendemens dans les rigueurs maintenues jusqu'à ce jour.

Dans le premier cas, on revient aux garanties en paroles. Mais que sont ces paroles ? partent-

---

(1) Voyez les *Mémoires d'Ouvrard.*

elles du cœur? Sont-elles l'expression de la volonté propre et sincère, ou bien une cession faite à la nécessité, contre laquelle le cœur murmure en secret et s'indigne? Que penser des paroles, quel cas en faire après tant de paroles adressées spontanément dans une autre situation? Qu'avait-il été promis à Valence, lors de la première restauration? Combien de protestations de fidélité et de témoignages de satisfaction dans le cours de la révolution de 1820! Quels traitemens ont subis ceux avec lesquels on s'épanchait alors? Qu'a-t-il été fait à ce Palafox, aussi fidèle à Madrid qu'héroïque à Sarragosse? Quel sort ont dû fuir les *Alava*, les *Valdez*, préservateurs de l'existence menacée, flattés, carressés tant qu'a duré le danger? Quel compte a-t-il été tenu des promesses faites le 29 septembre 1823 (1).

---

(1) Ceux qui ont suivi ce qui s'est passé en Espagne depuis 1806, s'apercevront facilement que j'adoucis beaucoup les couleurs du tableau; celles dont il est chargé sont trop fortes par elles-mêmes pour que j'aie eu besoin de les employer avec adoucissement. Le but que je me suis proposé est rempli, en montrant de profil ce qui, vu de face, l'aurait dépassé.

De plus, on peut consulter les *Mémoires d'Ouvrard*; ils sont précieux, et comme monumentaires dans l'époque.

Après ce qui est arrivé de l'emprunt des Cortès, quelle signification gardent les engagemens? Que sont même les paroles, avec le droit divin et le pouvoir absolu, quand, de sa propre autorité, on peut annuler l'acte public par l'allégation d'une disposition intérieure, et lorsque l'autorité religieuse, fortifiant cette fausseté de conscience, la sanctionne, met à l'abri du remords, et tient cette même autorité au service du même manquement de foi? car le clergé espagnol s'est conduit pour les engagemens de cette époque, comme ses prédécesseurs l'avaient fait pour la dette de Ferdinand VI, dont de complaisans théologiens le déclarèrent affranchi (1). C'est ainsi qu'en France,

(1) La dynastie actuelle a hérité des dettes de la précédente, qui sont connues sous le nom de *juros*, et qui forment pour l'État une charge de 4,000,000 de rentes à payer annuellement.

Philippe V laissa des dettes pour une somme supérieure à 168,000,000 de francs. Son fils, Ferdinand VI, fut effrayé d'un tel fardeau. Il était juste, mais faible et scrupuleux; il assembla une junte composée d'évêques, de ministres et de gens de loi, et l'invita à prononcer : *Si un roi est tenu de payer les dettes de son prédécesseur.* La question fut décidée à la négative par la pluralité, la conscience du roi soulagée, la banqueroute résolue.

Ferdinand négligea toutes les parties de l'administration; et, chose singulière, il laissa en mourant une somme

dans la guerre de la succession d'Espagne, car cette Espagne a toujours ajouté à nos charges, d'autres théologiens levèrent les scrupules que faisait éprouver à Louis XIV l'établissement de l'impôt du dixième, en lui déclarant que tous les biens de ses sujets lui appartenaient; d'où il suivait que ce qu'il leur laissait était une grâce qu'il leur faisait. Des deux parts égal était l'attentat aux droits des hommes en société, mais égale était la légitimité de la conséquence de l'ordre de choses dans lequel ces prêtres avaient été consultés; car ils ne pouvaient concevoir que le droit divin et le pouvoir absolu pussent se lier eux-mêmes ou être liés par d'autres. Ces hommes étaient de très mauvais moralistes, mais de très bons logiciens.

Changera-t-on le ministère? Mais les hommes changeront, et les choses resteront; et que sont les hommes sans les choses? Le despotisme, le monachisme auront éprouvé un échec momentané; raison de plus pour réunir toutes leurs forces, afin de venger leur affront. Les manœuvres secrètes, les *camarillas* seront-elles détruites?

---

égale à celle dont il avait fait banqueroute. Cette dette de 168,000,000 de francs était précisément la somme qu'avait coûté le palais de Saint-Ildephonse.

(*Voyage de Bourgoing en Espagne*, t. II, p. 33 et suiv.)

Les moines auront-ils de l'ambition, de l'argent? Le clergé continuera-t-il de diriger le peuple dans les voies de l'insurrection ? En un mot, l'allure du gouvernement se conservera-t-elle au moyen de la conservation de ses élémens constitutifs ? Alors qu'aura-t-on gagné en changeant les ministres, dès que le gouvernement subsistera ? Je vois des hommes condamnés à se défendre à la fois contre les vices de construction de la machine qu'ils manient et contre les cabales de ceux qui voudront leur arracher cette triste jouissance. Fera-t-on quelque fond sur des améliorations adoptées par le prince dans l'exercice de son pouvoir, telles que des amnisties, des conseils d'état, ainsi que la restauration de Naples les a produits ? Mais ce qui est de quelque valeur dans un petit pays tel qu'est Naples, est insensible dans un vaste royaume tel que l'Espagne. Les mœurs, les caractères diffèrent, et le clergé napolitain, sans être supérieur en lumières au clergé espagnol, lui est inférieur en influence politique. Si l'on prétendait couronner cet ouvrage de confiance par des mesures coërcitives, telles que l'occupation de quelques places et la présence sur les frontières de corps armés, il pourrait bien arriver que l'on aboutît, par ces mesures préventives, à un résultat tout opposé à celui que l'on a en vue, et que l'on servît, suivant leurs désirs, les secrets desseins des factieux. Une attitude menaçante n'est pas toujours un moyen de paix; et quand l'apparition des soldats anglais en Portugal a pu faire proclamer des paroles violentes au sein de la législation française (1), croit-on qu'un armement étranger sur les frontières, et comme à la vue de l'Espagne, ne fut pas pour les artisans de troubles un puissant moyen d'irriter les passions et l'orgueil d'une nation, en pressant ce ressort également propre au bien et au mal, suivant l'emploi qu'on en sait faire? Un système préventif armé entraîne de grandes dépenses; les cordons sanitaires ne se font pas pour rien. L'Espagne est obérée; elle vient d'armer : toute dépense extraordinaire ajoute à son impossibilité de se libérer. Avec quoi remboursera-t-elle à la France les frais de la guerre et de son occupation militaire? Avec quoi paiera-t-elle à l'Angleterre les indemnités stipulées pour les pertes éprouvées par son commerce, et qui s'élèvent à 36,000,000 de francs, somme insignifiante pour l'opulente Angleterre, mais très pesante pour la nécessiteuse Espagne? On doit ajou-

---

(1) Occupons-nous plutôt de cette fièvre rouge qui vient de débarquer dans le Tage.

(*Disc. de M. Hyde de Neuville à la Chambre des Députés.*)

ter à ces considérations que l'Espagne est partagée en deux partis, l'un constitutionnel, et l'autre anti-constitutionnel. La querelle qui a fait courir aux armes est l'ouvrage de ce dernier. M. Canning a dit *que l'Espagne avait agi en haine des institutions données au Portugal.* Mais tant que d'un côté cette haine durera, tant que de l'autre on aspirera à des institutions dont le modèle est à la porte de l'Espagne, qui pourra empêcher des collisions entre des partis si animés, et dont l'un se verra menacé par ce que l'autre désire si vivement? Il est bien évident que d'un côté la haine allumée par l'importation constitutionnelle en Portugal, et de l'autre l'espoir attaché au triomphe et à la présence de ces institutions, agissant dans des sens opposés, ne seront pas calmés par des mesures conciliatrices, et qu'il n'y aura de paix solide qu'en allant au fond des choses. Tant qu'il y aura une constitution en Portugal et un despotisme monacal en Espagne, tant que le parti ennemi des institutions en Espagne pourra continuer de correspondre avec les inimitiés anti-constitutionnelles de tous les pays, qu'il pourra y compter des appuis, qu'il se croira sûr du cœur du prince, qu'il espérera attendre une justification de la part des évènemens; tant que tout cela ne sera pas effacé, détruit, renversé de fond en comble, compter sur la paix, c'est bâtir sur le sable, c'est confier à l'haleine variable des vents ce qui doit être retenu et fixé au rivage par les ancres les plus fortes. Qui pourrait garantir les chances innombrables dont se grossit chaque jour le chapitre des évènemens imprévus, surtout lorsque tant de mains au service de tant de passions, par des voies souterraines, s'attachent à faire naître les incidens propres à recréer tous les dangers auxquels on n'aurait opposé que la faible digue des demi-mesures? Aussi le public ne s'y est-il pas mépris; et l'annonce de quelques concessions arrachées péniblement au cabinet de Madrid n'a-t-elle produit d'autre effet que ce cri unanime : *C'est un ajournement de six mois*. Ainsi en a jugé le public, et il a été dit de lui, avec une vérité piquante : *Il y a quelqu'un qui a plus d'esprit que Voltaire et Napoléon, c'est tout le monde* (1).

(1) Le prince de Talleyrand à la Chambre des Pairs.

## CHAPITRE IX.

*Plan apparent à l'égard de l'Espagne.*

La diplomatie paraît s'être fixée, à l'égard de l'Espagne, aux points suivans :

1°. La désapprobation de sa conduite.

2°. Le renvoi de la portion du ministère faisant partie des inimitiés anti-constitutionnelles ; la substitution d'hommes moins asservis à ce parti ; la punition des fonctionnaires militaires et civils prévenus de prévarication dans l'exécution des ordres de leur gouvernement, relatifs au désarmement des transfuges portugais.

3°. La voie des conseils et des insinuations auprès du cabinet de Madrid.

Voilà, il faut en convenir, un maigre système en comparaison de la gravité des intérêts auxquels il correspond. Avec lui, il semble voir appliquer à l'Espagne le système des Indiens, qui placent le globe terrestre sur un éléphant, celui-ci sur un animal de moindre stature, et ce dernier sur rien. Ainsi en sera-t-il du plan adopté par la diplomatie : il laisse subsister le mal, et un mal envenimé par le ressentiment. Le mal est de l'ordre moral, et l'on ne fait rien pour en détruire le principe ; seulement on aspire à en tempérer les effets les plus violens et comme les plus brutaux, Mais le pouvoir absolu, le clergé régulateur de la politique, le parti déchaîné contre toute espèce d'institutions, les voies occultes, les souterrains par lesquels on s'introduit dans le cabinet où siégent les *camarillas*, tout subsiste, tout survit ou reste impuni ; et avoir été épargné, conduit à penser qu'on est redouté. Ce n'est pas là ce qui amène des amendemens salutaires, et qui offre des garanties. Depuis 1814, a-t-on assez usé d'insinuations, de conseils, de voies amicales? La coalition européenne, valide pour tout renverser, a-t-elle été assez forte pour rien obtenir du cabinet de Madrid? En quoi s'est-il relâché, en sa faveur, de ses proscriptions, de son infatuation monacale? Elles n'ont fait que redoubler. Mais si les alliés insinuent à l'Espagne, les factieux en font autant de leur côté. Ne se sentent-ils pas des appuis? n'ont-ils pas confiance dans les sentimens secrets qui ont démenti tant d'actes publics? L'Espagne le cède-t-elle à l'Afrique et à l'Orient dans l'art des déguisemens, des complots, des mines creusées en silence sous les pieds d'hommes abusés, auxquels une dissimulation épaissie sous des masques trompeurs a préparé un réveil de mort? Peut-on rien ajouter à ce qui s'est passé dans un de ces momens où la reconnaissance pour le plus grand service qu'un prince puisse recevoir, la remise d'un trône, donne tant de poids aux paroles? Alors que fut-il répondu à l'auteur de l'ordonnance d'Andujar, parlant d'institutions : *Entendez-vous les viva?* Qui répond que de nouveaux *viva* ne seront pas entendus, et de la disposition à entendre ces *viva?* En France, qu'a dit le ministre des affaires étrangères du cas que l'on a fait de ses conseils? La France a gardé le palais du prince; elle occupe les places, qui sont à la fois les clefs et les mamelles de l'Espagne (1). On ne tient aucun compte de ses avis; c'est en sa présence qu'on se livre à l'acte qui a ébranlé l'Europe; et l'on vient présenter comme topique au retour de cette crise, un maigre accommodement, fondé sur quelques paroles et sur un remuement dans le personnel du cabinet. Cela se conçoit-il? Et qu'attendre de là? Un ajournement de six mois; le public l'a dit, et en cela le public a dépassé la prévoyance de la diplomatie. Leur marche

(1) Cadix et Barcelone, les deux villes les plus riches et les plus fortes de l'Espagne.

est inverse. Le public est décisif comme le sont les masses : il tient son conseil sur les toits, la montre à la main; il voit distinctement les objets, et le but rapidement; il y marche droit; il s'irrite des hésitations. Au contraire, la diplomatie est ennemie de la décision; elle aime les demi-partis; elle vit de pactes, d'ajournemens, d'attermoiemens. Quand elle a prévenu un éclat, calmé un orage, elle triomphe; elle a fait du *statu quo* son favori. Chez elle, les beaux noms ne manquent pas à ces pratiques, et la sagesse avec la prudence lui prêtent le lustre officieux du leur, qu'on pourrait changer quelquefois dans le nom *d'oreiller du paresseux*.

Il paraît que la diplomatie transporte à Madrid le plan qu'elle poursuit à Constantinople, relativement à la Grèce : elle a retiré celle-ci de la politique pour la remettre sous la sauvegarde de l'humanité; elle veut assurer à la Grèce la conservation de la vie matérielle, et ne songe pas à sa vie politique. Elle s'applaudirait d'obtenir pour la Grèce une triste conformité avec la Moldavie et la Valachie; son ambition ne s'élève pas plus haut. Mais ses calculs seront trompés en Espagne et en Grèce par la nature des choses. Celle-ci ne prend conseil que d'elle-même; et tant qu'elle existe, elle agit d'après ses élémens propres. En Espagne, les factions et les *camarillas* se joueront de la diplomatie; en Grèce, le courage et l'esprit d'hommes longtemps opprimés imposeront silence même à la reconnaissance; ils feront préférer une fin glorieuse à une vie qui, après tant d'éclat, dans cet état d'abaissement, ne serait plus qu'une agonie prolongée. Ils doteront, malgré elle, l'Europe de la création d'une barrière, qui est son premier besoin, et qu'elle cherchera toujours vainement hors de la Grèce. La nature des choses attache la certitude à l'annonce des deux résultats; ils sont inévitables; et s'il n'y a que des vœux à faire pour l'accomplissement de l'un, il faut tout tenter pour empêcher celui de l'autre. Nous allons dire ce qu'il y a à faire pour cela (1).

---

(1) *Discours de M. le ministre des affaires étrangères à la Chambre des Pairs.*

NOBLES PAIRS,

La discussion qui va s'ouvrir devant vous nous impose l'obligation de vous faire connaître la situation actuelle de nos rapports avec les états dont les intérêts sont plus particulièrement liés avec les derniers évènemens. C'est le devoir que je viens remplir devant vous.

Lors de l'entrée de l'armée française en Espagne, en 1823, le gouvernement anglais demanda et obtint de la France la promesse qu'aucune hostilité ne serait commise

## CHAPITRE X.

### *Système nécessaire pour les garanties de l'Espagne.*

Ce système résulte de ce qui a été dit jusqu'ici; il en est le corollaire et la conséquence nécessaire. Telle est sa position : l'Europe veut la paix; l'Es-

---

à l'égard du Portugal, et déclara dès lors qu'il se regardait comme obligé, par les traités antérieurs, à venir au secours de cette puissance, si elle était attaquée.

-- Lors des derniers troubles qui ont éclaté en Portugal, une déclaration semblable fut faite par l'Angleterre à l'Espagne, et communiquée à la France, ainsi qu'à toutes les grandes puissances du continent, et il fut convenu que l'Espagne n'entreprendrait rien contre le Portugal, et que, de son côté, l'Angleterre veillerait à ce que le Portugal ne fît aucun acte d'hostilité contre l'Espagne.

Nous devons à la vérité de dire que l'Angleterre a rempli l'obligation qu'elle avait prise, et que, de leur côté, toutes les puissances n'ont cessé d'agir d'un commun accord auprès du cabinet espagnol, pour qu'il ne fournît au Portugal aucun sujet de plainte.

Cependant, au moment où ce cabinet assurait que les

pagne l'a troublée par la nature de son gouvernement. Les mêmes causes ramènent les mêmes effets : l'Espagne troublera donc la paix de l'Europe

---

armes enlevées aux réfugiés allaient être rendues au gouvernement portugais ; au moment où des ordres étaient donnés pour que ces réfugiés eux-mêmes fussent éloignés des frontières, ceux-ci sont entrés en armes dans le Portugal, et cette attaque subite a été accompagnée de circonstances qui ne laissaient aucun doute sur la coopération de quelques autorités espagnoles chargées d'exécuter les ordres de désarmement, et de disperser les réfugiés dans l'intérieur.

La France, qui avait le plus insisté pour prévenir toute hostilité de la part de l'Espagne; la France, qui avait le plus de droits pour être écoutée; la France, dont l'intervention avait dû inspirer au Portugal et à l'Angleterre le plus de sécurité sur l'accomplissement des engagemens pris par le cabinet espagnol, n'a pu rester indifférente à des évènemens qui faisaient éclater d'une manière si évidente, ou le mépris de ses conseils, ou l'impuissance de les suivre, et le gouvernement du Roi a dû témoigner sur-le-champ sa désapprobation, en rappelant de Madrid son ambassadeur.

La France ne peut contester à l'Angleterre le droit que lui donne, le devoir même que lui impose une longue suite de traités, de venir au secours du Portugal. Elle continuera ses efforts pour empêcher le renouvellement des actes qui ont autorisé les mesures prises par le cabinet britannique ; elle n'épargnera rien pour empêcher une

tant que le gouvernement, principe générateur du trouble, subsistera dans le même mode. Par con-

---

rupture entre l'Espagne et le Portugal, et elle espère d'y réussir. Elle a déjà fait auprès du cabinet de Madrid, de concert avec tous ses alliés, les démarches les plus propres à atteindre ce but; elle continue à recevoir du cabinet britannique les assurances les plus positives de son entière coopération.

Rien dans ce qui a eu lieu jusqu'aux derniers évènemens, ni depuis, n'autorise le gouvernement du Roi à élever des doutes sur la sincérité de ces assurances; de leur côté, les ministres du Roi sont fermement déterminés à conseiller à S. M. de refuser son appui au gouvernement espagnol, si, par sa faute, il mettait le Portugal dans la nécessité de prendre une attitude hostile à son égard.

La France ne pourrait donc être réduite à renoncer aux avantages de la paix que par des circonstances que nous sommes loin de prévoir; sa loyauté et sa dignité ne sauraient lui permettre de soutenir des actes injustes et passionnés, qui n'ont eu lieu qu'au mépris des conseils qu'elle avait donnés et des promesses qu'elle avait reçues.

C'est en suivant ainsi les règles de la justice, en respectant la foi des traités et les droits des autres puissances, que la France conservera tous ses avantages pour soutenir ses propres droits, et ceux mêmes de l'Espagne, s'ils venaient à être injustement attaqués.

C'est en défendant les principes d'ordre et de légiti-

séquent, pour avoir sûreté pour la paix, il faut détruire le mode qui est le produit du despotisme et du monachisme. Tel est le vice constitutif de l'ordre civil et religieux qui régissent l'Espagne. Une simple opération logique conduit à ce résultat; c'est une vérité propre à frapper tous les esprits, et qui s'entend aussi bien parmi la foule que dans les cabinets.

Oui, il faut le dire, la tranquillité de l'Europe, l'état intellectuel et moral de cette contrée demandent l'abolition de ces deux grandes difformités sociales, le despotisme et le monachisme espagnols. Ce n'est pas plus de la sociabilité que de la religion, pas plus du bien-être pour l'Espagne que de l'appui pour l'Europe : l'un et l'autre ont fait d'un corps robuste un être décrépit, privé de raison comme de force, qu'il faut sans cesse surveiller, guider et relever de ses chutes. Dans cet état, qu'est l'Espagne pour l'Europe depuis un grand nombre d'années ? Un *cauchemar véritable, une dartre* qui menace les voisins de son

---

mité, que l'Angleterre est sortie victorieuse de la longue et sanglante lutte qu'elle a soutenue contre la révolution française; les mêmes succès nous seraient assurés si nous étions appelés jamais à défendre, à notre tour, les mêmes principes.

infection. Ici il ne faut donc pas se borner, et comme s'amuser à de vains palliatifs ; il faut attaquer le mal dans son siége, épurer le sang, extirper le *chancre ;* c'est avec le fer et le feu qu'on leur interdit le retour à la vie. Ici il faut choisir entre la paix et le changement politique de l'Espagne, ou la guerre et le maintien d'un despotisme semi-africain et d'un monachisme anti-religieux.

J'ai à montrer la nécessité, le droit et les avantages de ce changement ; et comme il s'agit de grands intérêts, il faut remonter haut, c'est-à-dire aux principes ; d'ailleurs c'est la langue de notre temps.

## § Ier.

### *Nécessité de l'abolition du despotisme et du monachisme en Espagne.*

Que sont les sociétés humaines ? Une seule et même famille, divisée en plusieurs branches, il est vrai, mais pourvues des mêmes organes, éprouvant les mêmes besoins, et tendant à la même destination, la conservation et le bien-être ; faites pour s'entr'aider, n'éprouvant par leur nature que des attraits entre leurs diverses parties, et ne ressentant pas d'autres haines et d'autres répulsions que celles qui leur sont inspirées du dehors, et par des mobiles intéressés à créer ces haines et ces répulsions. Ainsi la politique, l'intérêt des chefs ont fait ennemis, et trouvent avantage à maintenir en état d'inimitié, ceux que la nature a fait amis, en les faisant semblables, et qui, sans ces excitations étrangères, seraient toujours restés amis. L'obligation existe, entre les individus, de s'entr'aider mutuellement et de s'abstenir de toute *nuisance*, pour me servir d'une locution anglaise que je regrette pour ma propre langue, dans laquelle la flexibilité supplée à la pénurie; elle lie de même les nations entre elles. Mille considérations, on pourrait dire mille variétés, ajoutent ou retranchent au poids de ces obligations sociales, la distance, la force, le caractère, le temps, l'expérience. Ainsi il n'est pas dû à une société éloignée comme à une société voisine, il ne peut être exigé d'une société rétrécie comme d'une société nombreuse, de celle dont les mouvemens sont insensibles comme de celle dont les mouvemens produisent des commotions. Comme on voit, il est un grand nombre de nuances que la raison sait discerner et classer dans l'ordre des intérêts bien entendus et légitimes des sociétés : et quand je dis légitimes, ce n'est pas sans dessein que je prononce ce nom; car il y a légitimité pour les nations à demander l'absence de trouble. Dans ce cas, les sociétés générales représentent les individus qui ont droit de réclamer les lois du bon voisinage. Partout pays, des lois ont déterminé les faits qui le troublent, et qui autorisent à demander le redressement. Le même code doit régir les nations. Quand l'une d'elles trouble par principe constitutif, par ce que Burke appelait *établissement*; quand, en réclamant sans cesse de l'aide, elle n'en porte pas aux autres, quand elle n'est appui pour rien et obstacle pour tout, le cas de droit est certain, et peut être réclamé dans son application. Qu'est l'Espagne? Une portion de l'Europe par sa géographie, une portion de l'Afrique par son gouvernement. Quelle aide, quelle assistance porte-t-elle à l'Europe? Autant que l'Afrique. Quel trouble, quelle occupation inquiète y porte-t-elle? Lisez son histoire, principalement depuis 1814. Elle est donc de l'Europe pour la charge, et de l'Afrique pour l'inutilité. L'Espagne peut-elle être détachée du corps de l'Europe? Nullement; il faut en subir les inconvéniens; ils sont devenus plus sensibles depuis que la séparation de l'Amérique, lui rendant le nouveau monde étranger, l'a ramenée vers l'Europe comme le seul théâtre sur lequel elle pourra exercer désormais son inquiète inertie. L'Espagne est-elle, comme la Turquie, tellement séparée de l'Europe par les mœurs, les intérêts, la religion, l'absence de consanguinité, que ses mouvemens puissent être insensibles en Europe, comme le sont pour celle-ci les catastrophes du sérail et les mutineries des pachas. Il y a loin, pour l'Europe, des jeux ambitieux des *camarillas* de Madrid à ceux des *camarillas* de Constantinople. La substitution de Mahmoud à Sélim n'a pas agité l'Europe, comme l'a fait l'abdication d'Aranjuez, et comme le font les cris des *carlistes*. Que les desservans des mosquées fassent et disent ce qui leur plaît, ou ce qu'on leur demande, leurs refus ou leurs complaisances ne s'étendent pas à l'Europe; mais que les moines espagnols vivent dans le cloître ou dans le monde, s'occupent seulement de la direction spirituelle des âmes, ou de celle des affaires du monde, la différence est fort grande pour la tranquillité publique en Europe. La peste de la Turquie s'arrête devant les cordons que la prévoyance éclairée des gouvernemens donne pour préservatifs à la santé publique du reste de l'Europe; mais quel cordon arrêtera les correspondances factieuses de l'Espagne avec les autres factions de l'Europe? La peste n'a ni armées, ni ambassadeurs, ni finances, ni *camarillas*; l'Espagne a de tout cela, ce qu'il faut pour troubler, et non pas pour servir; car tel est ce pays, dans l'état où l'ont placé son despotisme et son monachisme. A quoi peut-il servir et se fait-il ressentir, si ce n'est comme charge publique? Si l'Espagne était un pays aussi peu important que l'état de Gênes, ou quelques principautés d'Allemagne, on pourrait traiter ces minces différends *comme une tempête sur un étang;* mais l'Espagne est un pays vaste, peuplé, qui tient à tout en Europe. Dans la question actuelle, sa position acquiert une nouvelle importance, sans augmentation dans son volume : la voilà placée, et comme encadrée entre deux pays constitués, deux gouvernemens *à charte;* et les chartes sont l'objet de son effroi, le principe de ses agitations, et celui de l'acte qu'elle vient de se permettre (1). Conçoit-on quelque moyen de concilier

(1) *Voyez* la proclamation ci-jointe du gouvernement espagnol; tout s'y trouve.

*Circulaire adressée aux capitaines généraux d'Espagne par M. Salmon, ministre des affaires étrangères.*

Les changemens survenus en Portugal depuis le 31 juillet dernier ont dû faire craindre au gouvernement espagnol de voir troubler la tranquillité et le repos dont il a besoin pour se remettre des coups que lui a portés la derla paix, la bonne harmonie, avec des élémens toujours subsistant d'une antipathie aussi active? Il faut que ce soient les *chartes* ou le despotisme qui

---

nière révolution; et lors même que tout se serait passé tranquillement en Portugal, l'Espagne ne pouvait voir sans crainte s'y établir un système de gouvernement semblable à celui qui a causé chez elle tant de désordres. Sans examiner la valeur des théories sanctionnées en Portugal, il était à craindre que leur apparition ne réveillât dans les esprits de quelques Espagnols des désirs encore mal éteints, que leurs espérances ne vinssent à renaître, et qu'il n'en résultât de nouveaux efforts pour le rétablissement d'un système analogue à celui de nos voisins; il était à craindre que, pour accroître le danger, on ajoutât l'efficacité de l'exemple aux doctrines des réformateurs qui aspirent à dominer par l'opinion, autant que les conquérans par la force de leurs armes.

Aux graves dangers que présentait l'exemple des doctrines proclamées en Portugal, s'est bientôt joint celui des commotions causées par ce changement. Des symptômes de mécontentement se sont manifestés du sud au nord de ce royaume; la force armée a élevé çà et là des cris contre le nouveau système, au nom de la dynastie régnante. Ces évènemens ont été suivis d'émigrations partielles sur le territoire espagnol. Cette communication de maximes et de personnes a produit la désertion de quelques militaires espagnols, et rallumé des espérances dans quelques esprits. L'exaltation des partis, agissant dans des directions opposées, a troublé, du propre aveu de l'in-

cède; il faut que ce soient les institutions ou le monachisme. Comment, après une déclaration de guerre aussi formelle que celle que le despo-

---

tendant général de police de Portugal, le repos public de ce royaume, et, à plus forte raison, il a dû le troubler sur les frontières d'Espagne, où les mécontens devaient nécessairement s'agglomérer pour chercher une retraite, et où ils devaient appeler, par leur présence, les troupes qui soutiennent les innovations. Aussi est-il arrivé que les mécontens se sont réfugiés sur le territoire espagnol, et sont retournés sur le leur, sans que le gouvernement de S. M. ait eu sur les lignes des forces pour arrêter ces mouvemens.

L'Espagne est donc restée exposée non-seulement à l'influence morale des changemens survenus en Portugal, mais même à ses inquiétudes et aux invasions de ses troupes. Dans cet état de choses, la circonspection du gouvernement du roi ne lui permettait pas de rester tranquille en présence de la turbulence voisine. Malgré son respect pour le gouvernement portugais, et l'amitié qui, à tant de titres, nous attache à lui, la sûreté de l'État, qui est la loi suprême de la société, la dignité de la couronne, le régime fondamental de la monarchie, et le *decorum* du nom espagnol, mettaient notre souverain dans la nécessité de préserver ses domaines de la contagion morale et des agressions qui pouvaient être dirigées contre nos frontières.

Ce sont ces objets si sacrés, qui forment les premiers devoirs des monarques, [illegible] ent en vue les dispositions

tisme et le monachisme ont adressée à toutes les institutions de l'univers, à toutes les chartes, dans *la personne de la charte portugaise;* com-

---

de la circulaire qui est en tête de la *Gazette*. S. M. respecte l'indépendance du royaume voisin, et ne prétend influer en rien sur le sort où ces changemens peuvent le conduire; *elle a le plus vif désir de maintenir le lien inaltérable qui l'unit avec ses augustes alliés, et elle n'interviendra dans aucun acte ni coopération hostile contre le Portugal;* mais elle réprimera et punira toute action et toute tentative révolutionnaire en-deçà de ses frontières; elle défendra son royaume, et observera les mouvemens du royaume voisin. Le peuple d'un pays étranger, malgré les intentions de son gouvernement et le zèle de ses magistrats, offre un asile dont on profite pour former tranquillement les plans; c'est pour les déjouer que non-seulement on exercera une vigilance sévère sur les provinces frontières du Portugal, mais que même on a déjà renforcé les points militaires, et placé un corps d'observation sur la ligne du Tage.

Le roi d'Espagne est indépendant, et est libre d'adopter les mesures qui conviendront à la conservation de ses états; il est autorisé à le faire par le besoin de sa conservation et par le droit des gens qui en dérive. A Dieu ne plaise qu'une tentative funeste nous oblige à mettre en mouvement ces mêmes forces, pour sauver l'honneur et les lois de l'Espagne! Le roi ne désire rien autant que la paix; rien ne lui est aussi nécessaire pour remettre ses peuples de leurs anciennes souffrances, et pour établir dans

ment reviendraient-ils sincèrement à ces dispositions tolérantes qui sont les vrais gages du maintien de la paix? On ferait tenir sur la pointe les pyramides d'Égypte avant d'obtenir un pareil phénomène dans l'ordre moral.

L'Espagne a troublé, parce qu'elle est despotique et monacale; elle continuera donc de troubler tant qu'elle restera monacale et despotique. Il faut choisir entre la paix, ou le despotisme et les moines; de plus, il faut combler le vide qu'au moyen du despotisme et du monachisme l'Espagne fait dans la balance des pouvoirs de l'Europe. Cette contrée ne peut pas se soumettre sans danger à une déperdition de ses forces; elle vit en présence, et comme sous le glaive de la Russie.

---

l'administration *les améliorations que S. M. médite dans son auguste sagesse;* mais rien n'entacherait autant l'honneur castillan, sans lequel S. M. ni ses peuples ne peuvent consentir à vivre, que de tolérer tranquillement quelque offense que ce soit, faite au repos et à la neutralité de l'Espagne, et quelque instigation que ce puisse être pour renverser ses lois fondamentales. Le roi notre maître ne saurait le souffrir; et les Espagnols, qui sont idolâtres de ses vertus, voleraient avec intrépidité sous les bannières royales, pour anéantir ceux qui oseraient s'approcher irrévérencieusement des marches du trône ou toucher les fondemens immuables de la monarchie.

Tout ce qui fait retrait aux moyens de la défense commune va contre les intérêts généraux de l'Europe. Mais l'Espagne, avec son despotisme et son monachisme, ne fait-elle pas quelque chose de pire encore que de ne pas la fortifier? ne l'affaiblit-elle pas, en partageant l'attention, en occupant une partie des forces de l'Europe? Déjà elle a employé une force française de 100000 hommes. Depuis 1823, elle coûte trois cent millions à la France; voilà qu'elle vient de faire déplacer une partie du militaire anglais et de constituer l'Angleterre en frais très importans : qui répond que la France ne sera pas obligée, en se dégarnissant vers les points les plus vulnérables de ses frontières, de tenir sur celles de l'Espagne une force aussi nombreuse sous la dynastie des Bourbons qu'elle l'entretenait sous celle d'Autriche (1)?

---

(1) C'est ce que répondait habituellement Napoléon aux observations que je lui adressais sur un arrangement amiable avec le Prince des Asturies; toujours il répétait: *Mais ne voyez-vous pas que j'ai sur les bras la coalition du nord, qui ne fait que des trèves; que, d'après ce que l'Espagne a fait à l'époque de la bataille d'Iéna, je suis obligé de laisser* 80,000 *hommes sur les Pyrénées, pour garder le midi, quand je serai occupé au nord. Il faut choisir entre un changement en Espagne ou la permanence d'une armée sur les Pyrénées; cette en-*

Car il ne faut pas perdre de vue ce qu'a dit M. Canning, qu'il s'agit d'une guerre d'opinion ; et quand les guerres d'opinion finissent-elles? Il n'en est pas d'elles comme de celles qui ont pour cause la possession d'un objet matériel : ici la fin de la contestation est toujours certaine, on l'aperçoit dès le début du débat ; mais l'extinction d'une contestation de l'ordre moral ne s'obtient pas de même. Mais cette charge, sans compensation que l'état de l'Espagne impose à l'Europe, d'où provient-elle? est-ce de l'Espagne et des Espagnols, des déficits de la nature et du génie des hommes? Nullement; tout abonde dans ce pays, tout s'y trouve et s'y trouvera comme il s'y est déjà trouvé, quand le souffle qui dessèche cette contrée cessera de la frapper de son haleine mortelle. Et quel est-il, sinon le gouvernement et le monachisme? Les effets de cette influence se feront sentir d'une manière visible et très instructive dans la différence que les institutions vont mettre

---

*treprise est toute française.* Et quand on lui parlait de mariage : *En politique, cela est bon pour six mois,* répondait-il ; *et les confesseurs espagnols!...*

Il semble avoir cherché à prouver, par son mariage d'Autriche, la vérité de ce que, mieux avisé, il disait du mariage d'Espagne et des mariages politiques en général.

entre les Portugais et les Espagnols. Jusqu'ici ils ont été régis à peu près de même, et ne s'en sont pas mieux trouvés les uns que les autres; alors ils se ressemblaient. Eh bien! si l'Espagne persévère dans son asservissement monacal et despotique, tandis que le Portugal sera régi par des institutions, on verra le peuple le plus faible sous tous les rapports acquérir une grande supériorité sur le peuple qui jouit de tous les avantages relatifs de la force, de manière à les placer, dans l'ordre moral, dans une position complètement inverse de celle qu'ils occupent dans l'ordre de la puissance matérielle. Si la guerre s'allumait entre ces deux peuples, celui des institutions surmonterait le sujet du despotisme monacal.

Qu'est aujourd'hui au milieu de l'Europe, et même au milieu du monde, un gouvernement sans ordre ni fortune financière certaine et à peu près suffisante? Il est à cette contrée ce qu'est la Turquie; c'est une anomalie véritable avec l'état du monde entier. La régularité, la bonne foi ont réclamé et reconquis leur place dans l'ordre social : la civilisation les a replacées sur le trône que la barbarie leur avait enlevé; il n'y a plus que l'Espagne où ces deux déités sociales soient encore détrônées.

D'un bout du monde à l'autre, monarchies,

républiques, blanches ou noires (1), c'est à qui fera le plus d'efforts pour fixer les faveurs du crédit : l'Espagne seule, où règne la corruption même du despotisme, s'éloigne de la voie commune; elle proclame avec assurance sa banqueroute; elle ne travaille pas à montrer des revenus suffisans, bien établis; chaque année les voit fléchir sous le poids du désordre général. L'Espagne ne peut satisfaire à aucun de ses engagemens; elle doit à la France plus de 50,000,000 fr.; à l'Angleterre, une somme à peu près égale. Qui paiera ces deux états? Fera-t-on la guerre à l'Espagne pour se faire rembourser par elle? Il semble voir un homme poursuivre un débiteur de 1000 fr., en consommant 10000 fr. en frais de justice. Mais le désordre croissant dans les finances espagnoles n'aggra-

---

(1) *Voyez* les efforts que l'on fait à Colombie et à Haïti pour acquitter les engagemens. La bonne foi est fille des institutions. Avec le pouvoir absolu et le droit divin, commenté par les moines, quel est le principe et la garantie de la bonne foi? Le droit divin est un principe tellement supérieur à tous les autres, qu'il réduit à un simple acte de courtoisie l'observation de tous les autres droits. On n'a pas assez réfléchi aux conséquences de ce droit; et quand on en a traité, cela a presque toujours été plus théologiquement et plus éruditement que rationnellement.

vera-t-il pas l'état moral de l'Espagne? En effet, que faire dans un pays privé des moyens de pourvoir aux besoins de son administration? On ferait plutôt vivre un corps dans lequel la circulation du sang serait bornée à la moitié de ce que requiert l'entretien de la vie. Il ne m'appartient pas de désigner les sources auxquelles l'Espagne doit puiser, ni d'indiquer les victimes de tous ces désordres; mais j'exerce un droit très légitime, en disant que le despotisme et le monachisme en sont les auteurs, les pères irrécusables, et que ce n'est qu'en les détruisant, qu'en substituant un ordre légal, régulier et conforme aux besoins de la société, que l'Espagne refera des finances. Jusque là il faut renoncer à la voir rentrer dans l'ordre ordinaire de la sociabilité européenne; au contraire, elle ne peut manquer de continuer à la troubler et à lui être à charge, sans aucune espèce de compensation. Que l'on ajoute à ces considérations générales ce que doit produire sur les esprits le spectacle de cette saturnale despotique et monacale dont l'Espagne est l'affligeant et ridicule théâtre. Quel homme ami de la royauté, en connaissant le prix et la destination, voué par les sentimens d'un long respect aux familles assises sur plusieurs trônes du midi, ne gémit pas sur les suites de tant de scènes qui ont eu lieu en

Espagne depuis 1808? La solidarité de la gloire est une de ses plus belles prérogatives, en s'étendant sur ceux qu'une origine commune appelle à la partager. Quelle satisfaction de cette nature peut venir du côté de l'Espagne? Que doivent penser les républiques américaines en voyant l'état du royaume qui prétend les régir? Que doit dire l'Angleterre en entendant ces paroles, qu'on croirait arriver d'échos en échos du fond des palais de l'Orient : *Que jamais on ne relâchera rien du pouvoir reçu du ciel* (1)? A quelles pensées porte le contraste de ces paroles superbes avec l'impossibilité de se faire obéir à deux lieues de sa capitale, et même par ses propres officiers? Qui ne plaint la poupre royale d'être souillée par l'association avec l'étoffe grossière du *froc*, en voyant les chefs de moines, que le monde ne devrait pas connaître, siéger dans les conseils politiques, remplir l'État de leurs intrigues, détourner les revenus destinés par la religion à la charité douce et compatissante, vers des armemens militaires; les couvens changés en places d'armes, et toutes les scènes dans lesquelles l'odieux le dispute au ridicule, se passant avec gravité, au nom de ce

(1) En Angleterre, la doctrine du droit divin est punie de mort.

qu'il y a de plus vénérable parmi les hommes, le gouvernement et la religion, que l'on ne craint pas de délustrer par cet entassement de difformités. Cela se passe au milieu et à la vue de cette Europe étincelante de lumières, sur laquelle des flambeaux, comme suspendus aux voûtes du firmament, l'imprimerie, le commerce, les relations entre tous les peuples, versent la clarté à grands flots. Ah! il est temps de mettre un terme à ces orgies, de rendre à la raison, à l'humanité leurs droits et leurs honneurs. L'Espagne despotique et monacale est un outrage vivant adressé à la civilisation actuelle de l'Europe, et qui tient l'Espagne moralement et socialement séparée de l'Europe. Voyez si celle-ci peut obtenir quelque chose d'elle sur un point d'une importance majeure, et qui tient, pour ainsi dire, les gouvernemens européens suspendus entre l'ancien et le nouveau monde. Que de sollicitations n'ont pas eu lieu auprès de l'Espagne pour l'amener au point auquel la nécessité, l'évidence, bien plus, son propre intérêt, devraient l'avoir conduite depuis long-temps, *la reconnaissance de l'indépendance américaine!* Là, l'inflexibilité espagnole crée des embarras et des dommages pour tous; une position équivoque pour ceux qui bornent leurs démonstrations à la simple réception des agens commerciaux. Hors du gouvernement espagnol, il n'est pas un être humain qui ne rougît de lui-même, s'il se surprenait à hésiter encore sur l'indépendance américaine. Eh bien! la nécessiteuse Espagne, celle qui a toujours besoin des autres, n'a pas daigné entrer dans les intérêts de ceux-là même qu'elle implore; elle résiste à tout, et court à sa ruine en fermant les yeux et les oreilles aux vœux et aux maux qui lui arrivent, ou qu'elle sème de tous côtés par son obstination.

Supposons que l'Espagne eût été régie par des institutions : apercevrait-on chez elle aucun des traits du tableau que nous venons de retracer? C'est donc aux institutions qu'il faut revenir pour délivrer l'Espagne et le reste du monde des effets funestes de la combinaison de son despotisme avec le monachisme. Pour celui-ci, sa dernière heure est sonnée; il ne retrace plus en Espagne aucun caractère de son origine. En effet, qui reconnaîtrait, dans le père Cyrille et ses 30,000 cordeliers, les humbles disciples des conseils de l'Évangile, fuyant le monde à sa voix, et ne conversant plus qu'avec le ciel. De la pratique de ces conseils aux ordres monastiques érigés en pouvoirs politiques, en propriétaires de la meilleure partie du sol d'une contrée, aux Antoine, aux Basile, aux Benoît, fondateurs de ces associations, vrais retraits faits à l'humanité au profit de la perfection évangélique, il y a une distance immense, dans laquelle les caractères de l'institution se sont entièrement effacés. Des réformateurs, comme indignés du relâchement introduit dans l'ordre dont ils faisaient partie, ont réussi à les rappeler à l'esprit de l'institution; mais le temps de ces réformes est passé, le mal est trop étendu et trop profond; l'extirpation doit aller jusqu'à ce point où commence le besoin d'ouvrir à la fois des débouchés aux grands remords et des places de sûreté pour les grandes vertus. La vie que le monachisme a vécue en Espagne n'est plus compatible avec ce que l'état de ce pays requiert pour lui-même et pour l'Europe; car il ne faut jamais oublier qu'il s'agit ici d'une Espagne européenne, et non pas d'une Espagne séparée de l'Europe, étrangère à elle. S'il existe quelque moyen de faire de l'Espagne une île de la mer du Sud, elle peut garder son monachisme; mais s'il est indispensable pour elle d'être de l'Europe, et pour l'Europe qu'elle lui appartienne, il faut qu'elle abjure ce monachisme; Europe moderne et monachisme sont désormais deux mots incompatibles. Si l'on m'objecte l'Italie; mais qui dit que l'Italie papale et despotique soit de l'Europe effective, c'est-à-dire organisée en parties actives, fortes et préparées à se prêter assistance. Mais, dira-t-on, quelles institutions assigner à l'Espagne? Il ne m'appartient pas de les indiquer; je ne conseille pas plus celles qui existaient au temps du roi Pélage, que la constitution des Cortès avec leur chambre unique, pas plus que le grand Justiza d'Arragon : je sais seulement que le monde est plein de modèles d'institutions, et qu'il n'y a plus d'embarras que dans le choix. Que l'on veuille sincèrement, le reste sera bientôt fait. Mais quand on y viendra, que l'on songe à la sincérité, soit dans la théorie, soit dans l'exécution. Cette précieuse sauvegarde des sociétés a reçu de si cruelles atteintes depuis un grand nombre d'années, que la confiance s'est beaucoup éloignée. On s'est cru trop souvent autorisé à soupçonner qu'on assistait à un jeu scénique, où les apparences n'étaient pas les réalités. La foi aux promesses n'a pas toujours été gardée avec le soin qu'exigent des engagemens de cette nature et les conséquences de leur violation. En Espagne, quand il y aura des institutions, on doit se tenir soigneusement en garde contre tout ce qui peut tacher leur robe virginale. D'ailleurs, ce calcul est aussi dépourvu d'habileté que d'honneur; car aujourd'hui il est impossible de tromper les hommes : tout est connu; et les gouvernans, ainsi que les particuliers, n'habitent plus que des maisons de verre.

## § II.

### *Droit d'exiger des institutions en Espagne.*

Mais qui a le droit d'exiger l'établissement des institutions dans un pays où le prince proclame en principe qu'il est absolu de droit divin, et qu'il veut rester tel, sans espoir de relâchement de cette prérogative surnaturelle. Cette question remonte haut, présente bien des faces, mais aucune difficulté, en recourant aux principes : d'ailleurs, renfermât-elle des difficultés, ce ne serait pas une raison pour reculer devant elles ; au contraire, il y aurait un motif de plus pour s'en occuper.

Qu'est l'homme? qu'est la société? Celle-ci est la réunion d'êtres rapprochés pour leur utilité commune, et qui mettent ensemble leurs facultés pour leurs avantages réciproques ; en un mot, c'est une chambre d'assurance mutuelle, où chacun se donne tout entier à tous les autres. Déterminer les conditions de l'association est l'affaire des associés, les observer est leur devoir ; les changer, les améliorer, est leur droit, d'après les formes convenues entre eux ; car tout se rapporte au bien-être de la société. L'homme est un être raisonnable : à quoi lui sert sa raison, avec le despotisme, qui lui interdit de raisonner sur ce qu'on exige de lui? L'homme est doué de la faculté de vouloir : quelle volonté lui laisse le despotisme? L'homme passe par différens degrés dans l'exercice de ses facultés, pour arriver à leur usage complet; avec le despotisme, il est en état de minorité éternelle; d'autres sont chargés de voir, de penser, de vouloir pour lui; en lui, le despotisme n'a jamais besoin que de son bras, en le déchaînant seulement pour son service propre. Le despotisme fait de l'homme une machine à son usage, et ne lui laisse que la partie de ses facultés dont il n'a pas besoin, mais dont il reste toujours le maître de disposer. Voilà une esquisse de la condition que le despotisme fait à l'homme : comme elle est directement contraire à toutes les facultés dont la nature a doué l'homme; comme celle-ci ne fait rien en vain, et ne donne à aucun être des facultés nuisibles à lui-même, ou superflues, il est évident qu'en conférant ces facultés à l'homme elle a voulu qu'il en usât, et que lui en interdire l'usage est aller directement contre son intention; mais comme aucun être n'est supérieur à la nature, et ne peut la démentir, il s'ensuit que le despotisme, qui annule et retire ce qu'elle a créé et donné, viole ses lois. Celui qui exerce le despotisme est donc tenu de montrer son titre de dispense d'obéissance aux lois de la nature : cette vérité est tellement sensible, que le despotisme n'a jamais manqué de s'autoriser du ciel, et d'invoquer son assistance à l'appui de ses prétentions. Mille causes, il est vrai, ont fait prévaloir le despotisme sur la surface du globe; mais aussi ses tristes résultats attestent assez l'impureté de son origine, et les désastres qui sont la suite de son emploi. Il y a donc dans le fond des nations un droit dont rien ne peut les dépouiller. Ce qui est fait contre ce droit radical est illégitime. Le temps, les faits ne font rien contre le droit essentiel; mais comme les déchiremens que les renversemens violens peuvent amener exposent les sociétés aux plus grands malheurs, il faut procéder à ces redressemens avec les ménagemens que demandent d'aussi grands intérêts, et ne pas rajeunir les nations à la façon de Médée. En descendant de ces principes généraux à l'état positif des sociétés européennes, on trouve, en fait, que toutes ont joui d'institutions auxquelles la barbarie avait refusé la régularité, il est vrai, mais qu'elle avait cimentées dans un but bien prononcé de liberté. Tous les peuples d'Europe ont été libres; ils se sont régis concurremment avec leurs chefs; ils ont partagé avec eux la direction de leurs affaires. Les nombreux états qui existent en Suède, en Allemagne, en Hongrie, qui existaient en France, le parlement anglais, les diètes polonaises, les boyards colégislateurs en Russie, sont l'image des libertés qui faisaient l'état général de l'Europe. Dans cet ordre de liberté, l'Espagne avait surpassé le reste de l'Europe; car chacun des seize royaumes qui la composent avait ses franchises, placées souvent au niveau du trône. Si l'on assigne d'une manière certaine l'époque de la fin des libertés danoises par l'adoption de la loi royale, 1666, ce qui n'est pas bien ancien, on sait de même à quelle époque et de quelle manière les libertés espagnoles ont pris fin; c'est un fait aussi connu dans toutes ses parties que le sont ceux de nos jours qui sont le mieux éclaircis. Ces libertés ont péri dans la guerre des *communes* de Castille, sous Charles-Quint. On en a conservé une faible image dans les titres donnés à quelques assemblées, dont nous avons tracé le tableau au commencement de cet écrit. Si depuis ce temps les cieux se sont entr'ouverts, ou si de toute autre manière ils se sont expliqués sur le pouvoir des rois d'Espagne, c'est un fait que l'histoire ne retrace pas, et jusqu'à ce qu'il en soit donné une connaissance bien certaine, on pourra placer cette prétention à côté de celle qui fut énoncée à Laybach, de la part de quelques puissances d'une date despotique qui est aussi très fraîche. Quelque digne qu'elle soit de respect, cependant la royauté ne porte pas en elle-même un principe de pouvoir absolu; car elle existe sous mille formes et avec mille degrés de pouvoir différens, sans cesser d'être la royauté, même dans son pouvoir le plus affaibli. Comme les rois d'Espagne, pas plus que les autres, n'ont jusqu'à ce jour exhibé leur diplôme céleste; comme on ne se donne pas de pouvoir à soi-même; comme le plus grand défaut est celui du pouvoir; comme le peuple espagnol a eu des ancêtres libres, aussi bien que les rois actuels d'Espagne ont eu des ancêtres absolus, il paraît naturel de conclure que, dans le droit, rien ne s'oppose au retour des institutions en Espagne; qu'elles seront une simple restitution des anciens droits; et que, sans déroger, le roi d'Espagne peut répéter ce que la princesse régente de Portugal a dit en installant la constitution portugaise; elle n'a pas balancé à déclarer que cette charte est le remplacement des anciennes institutions, accommodé au temps. Quand les Espagnols en réclameront de leur côté, ils ne feront que demander la remise d'un bien inadmissible par sa nature, et dont la violence seule a pu les dépouiller. On a dit avec raison, à l'époque de la restauration, qu'on avait en vue de rattacher le présent au passé. En effet, ni la révolution ni la restauration n'avaient pu faire la France sans droits quelconques ; elle en a toujours eu sous des formes diverses. Champ de Mars, de Mai, États-Généraux, Parlement, États provinciaux, assemblées de clergé : image des anciennes libertés, toutes ces variétés se sont réunies et comme fondues dans un seul acte, qui les remplace tous d'une manière uniforme, et qui, par sa régularité, efface les difformités des anciennes divisions, mais en conservant le fond des anciennes libertés. Voilà ce qu'il est aussi juste que facile de faire pour l'Espagne : c'était l'idée mère du plan déjà adopté pour elle, en 1823, et dont la lettre ci-jointe (1) fournit la preuve la plus authentique.

---

(1) Monsieur mon Frère et Cousin,

L'Espagne est délivrée du joug révolutionnaire, quelques villes fortifiées servent seules de refuge aux hommes compromis. Le Roi, mon oncle et seigneur, avait pensé, et les évènemens n'ont rien changé à ses sentimens, que V. M., rendue à la liberté et usant de clémence, trouverait bon d'accorder une amnistie nécessaire après tant de troubles, et de donner à ses peuples, *par la convocation des anciennes Cortès du royaume*, des garanties d'ordre,

Établir des institutions en Espagne n'est donc que la faire rentrer dans son ancien droit; il n'y a pas d'innovation, car c'est le despotisme *qui a innové*, mais un simple retour à l'ordre primitif et constitutif de cette contrée. Que le bon esprit, qui sait discerner les temps, préside à cet établissement, à la bonne heure; mais qu'il soit fait; rien ne peut le refuser. Après la cruelle expérience que l'Espagne a faite d'un despotisme de trois cents ans, n'a-t-elle pas le droit de de-

---

de justice et de bonne administration. Tout ce que la France pouvait faire, ainsi que ses alliés et l'Europe entière, avait pour objet de consolider cet acte de sagesse; je ne crains pas de m'en porter garant.

J'ai cru devoir rappeler à V. M., et, par elle, à tous ceux qui peuvent prévenir encore les maux qui les menacent, les dispositions du Roi, mon oncle et seigneur. Si d'ici à cinq jours il ne m'est parvenu aucune réponse satisfaisante, et si V. M. est encore, à cette époque, privée de sa liberté, j'aurai recours à la force pour la lui rendre. Ceux qui écouteraient leurs passions de préférence à l'intérêt de leur pays, répondront seuls du sang qui sera versé.

Je suis avec le plus profond respect, monsieur mon frère et cousin, de V. M. le très affectueux frère, cousin et serviteur.

Au quartier général du port Sainte-Marie, 1er août 1823.

mander à ce gouvernement de mettre enfin un terme à ses maux? n'a-t-elle pas le droit de réclamer sa puissance, sa gloire, de n'être pas exposée aux mépris des autres nations, de ne plus voir stériliser son sol ni flétrir son génie, de rentrer dans la vie civile commune à tous les autres peuples, en sortant de la tutelle monacale sous laquelle elle est tombée? Il y a plus, l'Espagne a le droit de demander à vivre, et à n'être pas déchirée par une guerre civile. Il faut sortir de ces lieux communs, derrière lesquels l'habitude et une fausse sagesse relèguent les plus importantes vérités. L'Espagne ne doit pas le sacrifice d'elle-même, celui de son existence, au maintien de son despotisme et de ses moines; elle périt par eux. Au point où ces deux mobiles ont amené les choses en Espagne, la guerre civile ne peut être éloignée: la nature d'un état violent est de ne pas durer; et les partis en Espagne ne peuvent manquer de se choquer très prochainement. Que l'on calcule ce que sera une guerre civile espagnole; on en a vu l'esquisse dans la guerre de 1808, et dans les traitemens que le parti dominant, depuis 1823, a fait éprouver à ses adversaires. La malheureuse Espagne est évidemment menacée des plus grands désastres, sans l'intervention secourable des institutions. Le despote lui-même, celui qui répugne le plus, par état, à leur adoption, qu'a-t-il à y perdre? ou plutôt, que n'a-t-il pas à y gagner? A quoi lui sert son pouvoir absolu? à n'avoir aucun pouvoir, hors celui de frapper des sujets désarmés. Le plaisir de se dire *absolu* lui tient-il lieu d'armées, de flottes, de finances, de crédit, de considération au dehors, d'obéissance au dedans? Avec tout son pouvoir absolu, ce potentat en paroles ne peut pas même se faire obéir par ses propres officiers. Ces titres pompeux cachent-ils à ses yeux les misères de tout genre dont son peuple est affligé? lui servent-ils de compensation pour tant de maux? Quel jour de repos, quel sommeil tranquille lui a valu ce pouvoir depuis 1820? Hélas! il n'a réussi qu'à en faire le plus malheureux des malheureux qu'a faits ce pouvoir. Avec des institutions, l'Espagne aurait-elle compté depuis 1700 cette dynastie de favoris qui a commencé à la princesse des Ursins pour s'abaisser, en 1827, à M. Calomarde, en passant par le Prince de la Paix? Avec des institutions, y aurait-il eu une abdication d'Aranjuez, une plaidoirie contradictoire à Bayonne, une abdication commune de la part des contendans, un Valençay, une île de Léon, et tout ce qui a été vu depuis cette époque jusqu'à l'événement du Portugal ? Il faut le despotisme pour avoir des *camarillas*, pour amener un événement de cette nature. Comment, dans un gouvernement régulier, patent, avec la presse libre, des simulations pareilles à celles qui ont fomenté l'entreprise de Chavez pourraient-elles être tentées et mises à exécution ? Il faut des gouvernemens occultes, affranchis de tout contrôle, pour en venir là ; mais aussi c'est avec ces pratiques, admises seulement par le pouvoir absolu, que l'on a à subir la honte des reproches de l'Europe, celle de la surprise en flagrant délit de déloyauté, et les chances d'une lutte avec plus fort que soi. Or, voilà ce que dans ce moment le pouvoir absolu, en compagnie du monachisme, vaut à l'Espagne, et se vaut à lui-même. Que le monarque espagnol ne craigne donc pas de descendre de cet empirée d'où il commande si hautement, mais si vainement : ce n'est pas dans les plaines de l'air, mais sur la terre, que se passent les choses dont lui et ses collègues en royauté ont à s'occuper. Les hommes et les affaires n'habitent pas les espaces célestes ; c'est à Cadix et à Barcelone que sont les affaires d'Espagne, et par conséquent celles du roi d'Espagne. Parler et agir en maître ne sont pas les fonctions de la royauté ; elles consistent à veiller, à travailler pour que les peuples soient heureux : Fénélon ne l'entendait pas autrement, et il avait été l'instituteur du premier prince espagnol de la race française. Qu'au bout d'un siècle, instruit par ce long cours de jours presque tous marqués au coin du malheur, son successeur fasse pour l'Espagne ce qui était dans l'esprit du maître de son auteur, et le spectacle du bonheur de l'Espagne réjouira son esprit plus que n'a pu le faire jusqu'ici l'emploi d'un pouvoir qui, par l'absence même de toute limite, n'a pas mis de bornes aux malheurs communs du prince et du peuple. Les monarques espagnols dérogeront-ils, tomberont-ils au-dessous d'eux-mêmes et des autres en s'assimilant aux monarques anglais et français, à ceux dont l'appui leur est toujours nécessaire? Sont-ce donc les titres qui surchargent les actes émanés des trônes, qui confèrent la puissance réelle? et le roi d'Espagne, avec tous ses titres et son droit divin, ne ressemble-t-il pas, pour l'effectif de la puissance, au glorieux sultan des Turcs, dont la chancellerie est aussi fort bien pourvue de titres? L'Espagne, en se livrant aux institutions, ne fera que s'assimiler au reste de l'Europe, on pourrait même dire au reste du monde. En effet, l'ordre constitutionnel tend visiblement à y devenir la loi commune; et il n'y a pas de témérité à énoncer la pensée que dans cinquante ans il en sera de l'ordre constitutionnel comme de la féodalité, qui, de son temps, devint la loi générale de l'Europe : ce serait même une question bien digne d'examen, que celle de savoir si, au milieu du niveau général qu'établissent et propagent en Europe les relations ouvertes entre tous ses habitans, une différence notable peut s'y maintenir. Si l'histoire pouvait fournir à la décision, celle-ci serait négative ; et dans ce moment même l'Amérique prononce un arrêt bien éclatant, puisqu'elle se forme tout entière sur un modèle uniforme, le républicanisme.

Mais comment faire prévaloir en Espagne ces institutions qui aujourd'hui sont son premier besoin, sa nécessité véritable et urgente. Observez ce qui se passe dans cet étrange pays, et à son égard. Le despotisme est servi par une multitude sans raison et sans frein, qui jouit de l'État et qui le trouble ; le clergé et le monachisme soutiennent, ou plutôt couronnent cet édifice de désordres. Entre leurs mains, l'état dépérit, et bientôt tourne à la mort ; cela ne leur fait rien ; ils ne s'occupent que du pouvoir, et quand ils le tiennent, il n'est plus pour eux qu'un seul soin, celui de le garder. Les gouvernemens étrangers, plus éclairés, d'ailleurs impartiaux, sentent les inconvéniens, jugent les dangers de cette direction; mais ils se bornent à *insinuer*, à représenter amicalement. Mais à qui adressent-il ces insinuations? aux auteurs mêmes des désordres. Ainsi ils insinuent à M. Calomarde qu'il serait très bon de remplacer M. Calomarde, et M. Calomarde répond que ce qu'il y a de mieux à faire est de garder M. Calomarde ; car voilà à quoi aboutissent, dans un pareil gouvernement, toutes les représentations : les plaintes n'arrivent au maître qu'après avoir passé par les mains de ceux contre lesquels elles sont portées. C'est ce qui se passe en Espagne : on fait des représentations; mais qui les reçoit, et à qui sont-elles renvoyées? Aussi voyez ce qui a lieu à Madrid! Assurément les insinuations n'ont pas dû manquer depuis quelques années; qu'ont-elles produit, empêché, amélioré? Le *statu quo* despotique, monacal et anarchique a-t-il subi quelque réforme? A-t-on pu obtenir quelque relâchement dans les sévices, et prévenir l'évènement du Portugal? Toutes les insinuations et les autres moyens de persuasion seront donc de nul effet et valeur : l'expérience est faite, et ne laisse rien à désirer. On sera donc toujours exposé aux effets de ce gouvernement, qui a amené la crise actuelle. C'est principalement en haine des institutions qu'il s'est porté à ces manœuvres perturbatrices : elles seront donc toujours à craindre, toujours à surveiller, tant que le Portugal aura des institutions, et tant que l'Espagne n'en aura pas. Puisque c'est des institutions que l'Espagne se défend dans son état actuel, la guerre durera tant qu'elle n'en aura pas, ou bien tant que les autres en auront. Le despotisme espagnol ne se croira jamais assuré dans l'ordre que forment autour de lui les chartes française et portugaise : de sa part, ceci est *la guerre aux chartes*. Si vous en doutez, écoutez ce qu'en disent en tous pays les ennemis des chartes. Cependant il faut sortir de cet état, qui blesse par là même qu'il est équivoque. Les états qui en souffrent, qui sont placés de manière à ressentir les suites des agitations causées en Espagne par ce régime ennemi des institutions, ont certainement le droit de demander des garanties contre les dangers qui peuvent les atteindre. Par la nature des choses, ces garanties ne peuvent être que des institutions propres à régulariser en Espagne le gouvernement et la marche du clergé. Mais, dans le cas de refus opiniâtre de ces garanties, que faut-il faire pour les obtenir? Qui a le droit de les demander? Le droit de l'Espagne est hors de doute ; celui des puissances de l'Europe n'est pas moins certain. Personne n'est tenu de se soumettre à des dommages, par la seule considération des convenances d'autrui. Les lois sociales ne prescrivent pas des sacrifices de cette nature. En société, les obligations sont réciproques; et si dans la société tous se doivent à tous, nul ne se doit à un autre, et à plus forte raison, tous ne se doivent pas à un seul. Là reviennent les lois du bon voisinage, qui font partie de l'ordre de la sociabilité. Si l'Espagne viole ces lois, on a le droit de lui demander, et de la forcer à rentrer dans l'observation de ces lois générales de la sociabilité. Un grand respect est dû à l'indépendance des nations; mais il ne doit pas être poussé jusqu'à la superstition, non plus que jusqu'au sacrifice d'autres droits : le contraire rendrait inégal, et par conséquent nul, le contrat qui lie entre elles les diverses parties de la société. C'est aux intéressés à faire à l'Espagne l'application de ces principes dans la mesure de leurs facultés et de leurs intérêts; il ne nous appartient que d'indiquer le droit et les conséquences du refus d'y satisfaire. L'Europe n'a-t-elle pas montré assez de déférence pour ce droit, en remettant deux fois le pouvoir absolu aux mains qui deux fois en ont fait un si funeste usage? Qu'attend-on pour s'en préserver? Le plus simple bon sens n'indique-t-il pas la différence de conduite que commande la diversité des positions? Dans aucun cas, on ne peut être autorisé à s'immiscer dans la direction intérieure d'un État qui, par cette direction, ne trouble pas, et qui s'est formé ou se soutient par lui-même. On n'aperçoit pas à quel titre une intervention quelconque pourrait être admise dans un cas pareil; mais lorsque le gouvernement a reçu l'être d'une main étrangère, lorsque plusieurs fois il a été replacé et maintenu par des appuis du dehors, ses restaurateurs n'ont-ils pas un droit de tutelle mitigée, et ne sont-ils pas autorisés à redresser ce qu'ils ont créé, en un mot leur propre ouvrage, et à le ramener à l'accomplissement des intentions qu'ils avaient en faisant les frais de cette restauration? L'Espagne est dans cette situation compliquée : son gouvernement ne vient pas d'elle; deux fois elle lui a échappé, deux fois on la lui a remis. Il y a là, et pour elle et pour les autres, quelque chose au-delà du droit commun, qui tient affranchis de tout contrôle ceux qui pour exister ont été affranchis du besoin de tout appui. L'Espagne n'en est pas là; elle forme une exception à la règle générale, et son gouvernement a deux fois reçu le pouvoir qu'il était impuissant à reprendre par lui-même. A la restauration de 1814, il usa de ce pouvoir restitué dans un sens contraire à celui de l'Europe et aux engagemens qu'il avait pris à Valence, à l'égard de l'Espagne. L'usage qu'il a fait de son indépendance absolue rappelle au principe qui montre que la condition de l'indépendance n'est pas séparable de celle d'une jouissance sans incommodités pour les autres. De quels prétextes, dans les trois partages successifs de la Pologne, se servirent les puissances du nord ? n'est-ce pas de celui des incommodités toujours renaissantes d'un voisinage turbulent chez une nation constituée anarchiquement ? Certes, on serait loin d'exprimer le vœu de rien de semblable, ou même d'approchant, à l'égard de l'Espagne ; mais on ne blesse aucun principe en disant hautement que l'exemple du passé et la nature anarchique de la conduite du gouvernement de l'Espagne, autorisent à lui prescrire la fin du régime générateur de cet état perturbateur, et à lui demander la formation d'un établissement qui en prévienne le retour et qui en fournisse une garantie assurée. Qui, d'ailleurs, ne préférera pas une intervention ouverte et déclarée, telle qu'elle convient à de grands pouvoirs, agissant en vue de hauts intérêts, à ces directions mystérieuses que les ministres des grandes puissances, postés, depuis 1815, aux portes de derrière de plusieurs cabinets, exercent dans quelques contrées ? N'aperçoit-on pas derrière les personnages ministériels des figures diplomatiques étrangères qui surmontent celles des directeurs locaux? Si c'est sans profit que depuis tant d'années les représentans de la France, de l'Angleterre, on pourrait dire de l'Europe entière, font des insinuations à l'Espagne, croit-on que ce soit avec beaucoup de gloire pour la souveraineté européenne que toutes ces voies détournées soient restées sans effet; et son rôle aurait-il perdu de sa dignité si elle eût usé, à l'égard de l'Espagne, de la double supériorité de sa puissance et de ses lumières, pour remettre dans la bonne voie un gouvernement égaré, et si elle eût fait valoir les droits de la reconnaissance, trop négligés par l'Espagne. Il faut le reconnaître, le gouvernement espagnol, recréé par l'Europe en 1814, par la France, au nom de l'Europe, en 1823; payant les conseils de celle-ci par le mépris (1); exposant l'Europe aux chances terribles de la guerre, pour avoir fermé l'oreille à toutes les représentations des cabinets étrangers; préférant la direction occulte des *camarillas* et le dévergondage du monachisme à la sagesse de la souveraineté européenne : ce gouvernement, dis-je, inspire peu

(1) *Voyez* le discours du ministre des affaires étrangères à la Chambre des Pairs.

d'intérêt, et affranchit, pour son compte, des égards qu'il ne sait pas observer là où il en a le devoir et le besoin.

## CHAPITRE XI.

### *Quelques objections.*

Il est commun d'entendre dire : *Les peuples ne sont pas mûrs pour des institutions; les institutions ne conviennent pas à tous les peuples; les peuples ne veulent pas d'institutions.*

Est-ce de l'Orient ou bien de l'Europe, du sein de la civilisation ou de celui de la barbarie, que s'élèvent ces clameurs? Ne semble-t-il pas entendre le despotisme en personne se plaindre de ce qu'on lui arrache sa proie! Ces paroles manquent de vérité en elles-mêmes, et de sincérité de la part de ceux qui les profèrent. Qui sont-ils? sont-ce ces hommes éminens dont la voix magistrale est en possession de se faire entendre au monde, et y fait loi? Est-ce en Angleterre, aux États-Unis, dans tous les lieux où l'intelligence humaine est un objet de respect? Sont-ce les Franklin, les Washington, les Bolivar, les Canning qui ont lancé ces arrêts contre les nations? Assurément non. Ce sont le despotisme et ses agens qui, pour perpétuer leur empire et les jouissances qu'il procure, déclarent leurs semblables incapables de se régir eux-mêmes, et même d'en concevoir la pensée : ainsi s'exprime l'intérêt personnel, déshéritant tous les autres pour s'approprier à lui seul le bien de tous. Ainsi ces hommes démentent leur propre sens intime, qui leur dit que s'il leur paraît doux de posséder leurs semblables, il serait aussi fort doux à ceux-ci de se posséder eux-mêmes. Au fond de ces allégations inhumaines que trouve-t-on? Le voici : c'est que les peuples veulent vivre au hasard, dépendre des caprices, rester éternellement mineurs, exister sans liberté et sans propriétés assurées, et renoncer, dans l'ordre politique, à l'exercice du droit dont ils sont le plus jaloux dans l'ordre civil, celui de participer à la direction de leurs affaires propres. Voilà pour l'ensemble de l'humanité. Quant à chaque peuple pris isolément, dire d'un peuple qu'il est incapable ou bien ennemi des institutions, c'est faire la satire la plus forte de son gouvernement, en montrant le triste état auquel il l'a réduit; c'est montrer le mal qu'il a fait au peuple, et combien il a brisé le ressort moral, que son devoir lui prescrivait de relever. Quand on a couvert une terre de ronces et d'épines, est-on recevable à dire qu'elle ne peut pas produire autre chose ; et quand on la laisse en friche, est-on autorisé à la déclarer stérile? N'est-ce pas un spectacle affligeant, même au milieu du ridicule, que celui d'hommes montés la veille au pouvoir, et le lendemain déclarant leurs semblables impropres à se régir eux-mêmes, oubliant que quelques jours auparavant ils étaient compris dans l'exclusion, et frappés d'exhérédation pour l'exercice d'aucun droit dans leurs propres affaires? Une cause aussi mauvaise ne peut être soutenue par aucune bonne raison : aussi, que dit-on à l'appui ? Faisons-en l'application à l'Espagne, puisque c'est d'elle qu'il s'agit ici.

Dans ce pays, depuis la restauration de 1814, un parti a constamment poussé le gouvernement vers les mesures les plus contraires à la raison et à ses intérêts véritables : il en a reçu le salaire par la révolution de 1820. Tombé du pouvoir, il n'y a aucun moyen dont il ne se soit servi pour y remonter : pour cela, surtout avec l'aide du clergé, il a abusé de l'ignorance générale parmi les classes dernières, pour les enflammer de haine contre les institutions nouvelles, et pour faire refleurir le pouvoir absolu. La restauration de 1823 a déchaîné cette populace abusée : c'est l'instrument d'intérêts cachés derrière elle, surtout parmi le clergé, qui se sent le plus menacé par les institutions. Mais que prouvent les cris de cette populace ameutée par des intriguans et par des moines? *Vous entendez les viva, répondait-on au Port-Sainte-Marie*, à la demande des institutions! Mais la veille du jour où l'on parlait ainsi, à Cadix n'entendait-on pas d'autres cris? N'en avait-on pas entendu d'autres, à Madrid, pendant trois ans? Et à Paris, et en France, pendant 1793, qu'entendait-on? Quelle valeur donc attribuer aux vociférations d'une populace déchaînée? Il en est de la populace espagnole comme de toutes les autres ; elle n'est d'aucun pays ; elle est la populace, étrangère à la raison et à l'ordre. Eh bien! voilà ce qui, en Espagne, a la parole, à l'instigation d'un parti dans lequel le clergé tient le premier rang. Les législateurs de tous les pays ont apporté le même soin à écarter de l'administration publique les classes ignorantes; et l'on veut faire représenter le vœu de l'Espagne par les hommes parmi lesquels on en trouverait peu qui aient les capacités électorales. On dit de l'Espagne que chez elle le peuple, influencé par le clergé, est la partie forte de la nation, et que le souverain a fait un choix judicieux en s'appuyant sur elle : il faut s'expliquer. Si l'on entend par la partie forte d'une nation, la partie désordonnée, bruyante, menaçante, dont la voix couvre les autres et sème la terreur, à la bonne heure; dans ce cas, la populace espagnole est sûrement la partie forte de la nation : mais s'agit-il de la partie active avec régularité, dévouement, raison, ordre, et dans un but éclairé et louable? ici cette populace est bien certainement la partie la plus faible de l'Espagne; l'on pourrait même ajouter, de tout autre pays. Voici la seconde épreuve de cette force si vantée. Depuis 1814, elle a conduit le roi d'Espagne à la révolution de l'île de Léon. Depuis 1823, l'empire de ce parti s'est accru, le désordre s'est augmenté comme lui, et, loin d'avoir donné de la force au roi, il l'a amené au point de n'avoir ni finances, ni armée, ni obéissance, même parmi ses propres officiers; car le roi d'Espagne, appuyé sur les volontaires royalistes et le clergé, est sûrement un des princes de l'Europe les plus dépourvus des moyens réels de la puissance : à cet égard, le Grand-Turc n'a rien à lui envier. Cette allégation est donc entièrement vide de sens. Pour dire que l'Espagne est impropre aux institutions, il faut démentir le cours entier de son histoire. Est-ce donc que l'Espagne n'en a pas eu? n'est-ce pas le temps de sa puissance et de sa gloire? Depuis quand est-elle déchue? depuis que le despotisme et le monachisme les ont remplacées. Cependant ces institutions se ressentaient de la barbarie des temps qui les avaient vues naître; que ne ferait-on pas avec celles que les progrès de l'esprit humain ont appris à coordonner avec les vrais principes de l'architecture sociale? Alléguera-t-on la constitution des Cortès et leur chambre unique; eh bien! au lieu d'une chambre, on en fera deux. La chambre unique était faite pour la révolution; après elle, on en aurait fait une seconde. Est-ce donc que c'est avec deux chambres qu'on peut nettoyer un pays de toute la rouille que les intérêts et les préjugés y ont déposée dans un long cours de siècles? Si l'établissement d'une seconde chambre est difficile en tout pays, il l'est encore davantage dans les pays méridionaux, tels que l'Espagne et le Portugal. Aurait-on fait une seconde chambre espagnole avec les grands d'Espagne et le haut clergé? cela entrait dans les usages de l'Europe. On vient de le tenter en Portugal; qu'en est-il résulté? Les grands d'Espagne et le clergé se sont-ils montrés propres à être de fidèles dépositaires des libertés publiques? La chambre unique des Cortès fut une nécessité du temps, et serait une contradiction avec le temps actuel. Les épreuves faites par l'Espagne depuis le règne du Prince de la Paix et les quatre règnes de Ferdinand, qui, chose étrange, a aggravé la position créée par ce favori, son ennemi capital, ont fait l'éducation de l'Espagne; elle lui a coûté cher, il est vrai; mais elle est faite, et l'Espagne saura en profiter. Aujourd'hui c'est la nécessité de l'Espagne, comme celle de l'Europe, qu'il y ait des institutions en Espagne. L'Espagne ne peut avoir une armée, un trésor, une police, une puissance réelle, qu'avec des institutions; leur absence a produit l'absence de tous les élémens de pouvoir; et le roi d'Espagne a eu le temps de reconnaître le vide affreux que le pouvoir absolu a fait autour de lui. Au lieu de proclamer son attachement à cette espèce de pouvoir, son intérêt le plus pressant, le plus évident, est de le rejeter, mais assez loin pour qu'il ne puisse jamais revivre. On fait beaucoup de bruit de l'opposition du peuple, agissant sous l'influence du clergé. Cette influence est grande, il est vrai, même trop grande, et surtout fort mal dirigée. Un jour le peuple espagnol aura des comptes sévères à demander à son clergé; mais ce peuple et ce clergé qu'ont-ils produit? L'armée de la Foi, et l'on connaît tout le mérite de celle-ci; elle est devenue proverbiale pour tout ce qui est lâche, sale et vil. Le clergé peut ameuter une tourbe agissant tumultuairement contre des citoyens désarmés et glacés par la terreur; mais là se borne son pouvoir : sa force actuelle ne vient pas de lui, mais du gouvernement qui lui prête la sienne propre, et dont il se sert, comme on le voit faire. Il fait la loi et l'exécute; mais séparez-le du gouvernement, et vous verrez ce qu'était cette force; il se trouvera dans la même position où on l'a vu pendant la révolution de 1820 : alors il obéissait; toute son action ne dépassait pas le cercle des intrigues, et quand il a fallu subir l'épreuve des armes, on a vu si cette armée monacale a pu tenir un moment devant les troupes constitutionnelles. Que l'on ne s'autorise pas de la résistance de l'Espagne contre Napoléon; 1° elle résistait contre les étrangers, ainsi qu'il est dans ses mœurs de le faire; 2° elle était unanime; 3° il ne s'agissait pas d'institutions, mais de faire prévaloir un pouvoir imposé et importé du dehors; 4° l'Angleterre et l'Europe combattaient Napoléon, et défendaient l'Espagne. Si la flotte anglaise n'eût pas préservé Cadix, on y fût entré comme on l'a fait en 1823, et les Cortès dispersées eussent laissé l'Espagne sans régulateur. Dans notre temps, tout est changé, aucun des anciens élémens ne se remontre; et tandis que dans les lieux étrangers à l'Espagne, des voix intéressées proclament son aversion ou son inaptitude pour des institutions, voilà que de diverses parties de l'Espagne, le sentiment des malheurs présens et à venir les fait demander, et que le désordre affreux causé par leur absence en a recréé le vœu : tout ce que l'Espagne renferme d'hommes sensés n'aperçoit plus d'autre terme aux maux de la patrie. La France et l'Europe avaient exprimé le même vœu à l'Espagne; les besoins de la paix les rendent indispensables, et la situation de l'Espagne despotique, entre la France et le Portugal constitutionnel, l'indique à tous les yeux.

En quelque pays, quand on a tout gâté, on dit il n'y a pas moyen de *gouverner telle ou telle chose;* il faut des mesures et des lois plus fortes, c'est-à-dire il faut du despotisme. On appelle ainsi la force au secours de la maladresse. Quand les ministres de la cabale, sous Charles II, eurent déconsidéré le gouvernement, ils firent le parlement d'Oxford, s'imaginant avoir affranchi et fortifié le pouvoir du roi; ils n'avaient fait que préparer la révolution de 1688. En 1770, les ministres embarrassés des oppositions parlementaires que de longues fautes avaient provoquées, pour sortir d'embarras, cassèrent les parlemens. En 1788, des fautes à peu près du même poids ramenèrent la même suppression. On crut avoir paré à tout par une création bizarre, la cour plénière, on n'avait fait que préparer la catastrophe de 1789. Avec de bonnes institutions, soit en Angleterre, soit en France, on n'aurait eu ni un 1688, ni un 1789.

---

# CHAPITRE XII.

*Nouvelle preuve de la nécessité des institutions, en Espagne.*

*Exposé confidentiel de l'archevêque de Tolède au roi.*

SIRE,

« Plusieurs fois j'ai eu l'honneur d'entretenir verbalement V. M. du sujet du présent exposé. Dans le conseil d'état, ainsi que dans les conférences secrètes auxquelles il a plu à V. M. de m'appeler, vous avez voulu connaître mon opinion particulière sur une matière aussi importante, et je l'ai constamment émise avec cette respectueuse impartialité qui convient à un ministre du Très-Haut et à un sujet du roi catholique. J'ai eu la flatteuse satisfaction de voir l'opinion que j'avais ainsi exprimée recevoir l'approbation marquée de V. M. dans toutes les occasions ; et, bien que quelques mesures ultérieures aient été en opposition avec cette approbation manifeste, j'ai lieu de croire, ou que le changement subit des circonstances, ou qu'une plus mûre réflexion, ou des avis plus convaincans, ont peut-être engagé V. M. à changer sa première détermination.

» Les mesures dont je parle m'ont paru incohérentes, contradictoires et vacillantes, lorsqu'il était très urgent qu'elles portassent ce caractère décidé qui distingue tout plan formé par un esprit énergique, et appuyé par la fermeté que réclame la cause de Dieu et de son peuple.

» Cette cause, Sire, est la cause de Dieu : V. M. le sait bien, de même que tous ses sujets catholiques. Si quelqu'un doute de cette vérité incontestable, croyez, Sire, qu'il n'est pas animé du zèle chrétien qui prend l'alarme au moindre soupçon d'un manque de respect pour l'auguste religion que nous professons.

» Les disciples de Luther ont vu avec des sentimens de rage et de douleur les glorieux progrès de la vraie religion dans les pays où ils cherchent à établir exclusivement les dogmes de leur maître réprouvé ; ils ont vu le catholicisme prendre solidement et saintement racine sous la protection des Bourbons, après avoir bravé tous les vils efforts du jacobinisme ; ils l'ont vu gagner de la force en Italie et en Irlande, par les soins zélés de notre très saint père Léon XII ; ils l'ont vu envahir d'un pas rapide des pays où l'obscurité régnait encore ; et, en un mot, ils ont senti depuis long-temps que l'époque annoncée approchait où toutes les nations devaient être réunies par une même croyance. Poussés par leur malice infernale, ils ont résolu d'arrêter le triomphe de la vérité, en employant les noires machinations du machiavélisme, et en ayant recours à toutes ces intrigues et à tous ces ressorts secrets qui sont compris sous le terme collectif de politique. Ils ont fait expirer le grand monarque qui, avec autant de sagesse que de certitude, préparait la soumission de son empire au sceptre de l'église orthodoxe ; ils ont converti un roi catholique en persécuteur de cette même église, dans le sein de laquelle il était né et continue de vivre ; ils ont excité une loi hérétique qui, sous le masque de l'humanité, protége les jacobins chassés des autres pays, afin qu'ils puissent répandre parmi ses sujets catholiques les doctrines de leur foi; enfin, ne croyant pas ces efforts assez puissans, ils ont entrepris d'attaquer la religion au sein de son véritable boulevart, avides qu'ils sont de s'ouvrir une voie dans les pays mêmes où elle a exercé uniquement son empire pendant tant de siècles, et de saper jusque dans les fondemens son imposant édifice. . . . . . . .

» Voilà, sire, le plan diabolique qui a donné lieu aux innovations modernes qui nous ont malheureusement assiégés jusque dans nos foyers; voilà, sire, l'origine manifeste de ces institutions fabriquées par un ministre hérétique pour un roi hérétique, et destinées à un pays prééminemment catholique; institutions qu'on essaie d'implanter et de propager par la force des armes, de même que l'islamisme fut répandu par Mahomet et ses lieutenans. . . . . . . . .

» Oui, sire, l'Angleterre, cette même Angleterre qui a si souvent et si perfidement répandu le deuil dans ce pays, se prépare aujourd'hui à nous porter un coup mortel, en dirigeant tous les efforts de sa puissance contre l'unique soutien de notre force et de nos espérances, notre sainte religion. Les ministres anglais ont résolu de tout mettre en œuvre pour maintenir leur ascendant sur la Lusitanie, et il serait bien facile de convaincre V. M. que nous devons nous y opposer ouvertement et de tous les moyens qui sont en notre pouvoir ; et s'il ne s'en présente pas de plus efficace et de plus sûr que d'exposer le sang de vos sujets, je dirais : Faisons même ce dernier sacrifice, parce que les biens et la vie ne sont rien, quand il s'agit d'un objet aussi important et aussi sacré.

» Quant aux inductions qu'on peut tirer des notes diplomatiques que l'ambassadeur anglais a transmises au ministre d'état, j'en ai parlé un peu longuement à V. M. dans le conseil tenu à ce sujet, ainsi que dans la conférence secrète que le même soir V. M. a daigné avoir avec don Taldeo, Calomarde et moi. J'ai montré les points faibles qu'on pouvait y apercevoir à travers le voile dont ils sont couverts, et j'ai fait remarquer à V. M. que plus les réponses de notre gouvernement étaient fermes et nobles, plus les demandes de l'envoyé étranger devenaient modérées. Au reste, pour des papiers de cette espèce qui, dans leur état isolé, ne signifient rien ou très peu de chose, nous ne devons pas y faire attention, excepté au moment où l'on y prépare une réponse. »

L'archevêque entame ensuite une longue réfutation du discours de M. Canning, qu'il appelle le coryphée du radicalisme anglais; il s'efforce de démontrer que, malgré ses menaces, le gouvernement anglais redoute la guerre et ne voudrait pas pousser les choses jusque là. Il soutient que l'Angleterre est détestée par tout le continent, et que si les puissances étrangères paraissent tolérer sa conduite, c'est parce qu'il est de l'intérêt de toutes, pour le moment, de croire qu'elle n'ira pas trop loin.

« Que V. M., continue le prélat, profite de cette disposition. Pensez de même : si l'Angleterre est déjà allée trop loin avec vous, jetez-lui le gant, et l'on verra trembler celui qui serait appelé à le relever; si l'on vous menace, menacez, et si un envoyé étranger annonce qu'il va quitter le royaume, que V. M. lui dise de le faire sur-le-champ. Nous verrons les vaines bravades de celui qui dicte ses instructions tomber à terre; nous verrons la répugnance d'un ministre à risquer sa place pour soutenir une constitution qui est sortie de son portefeuille. »

Dans les autres parties de son discours, l'archevêque s'applique à prouver que le gouvernement français ne peut s'empêcher de soutenir l'Espagne, et qu'il prendra ce parti si la guerre éclate; il insiste sur la faiblesse matérielle de l'Angleterre et sur le mécontentement qui existe dans une grande partie de ses possessions, dont il montre les habitans comme prêts à secouer le joug à la première occasion favorable. Il termine ainsi :

« La faiblesse de nos ennemis n'est pas la seule chose qui augmente notre supériorité ; nous avons encore le puissant secours qu'obtient toujours une cause dans laquelle on défend les intérêts sacrés. Nous avons pour nous l'alliance formidable à laquelle tous les bons catholiques du globe invitent V. M. à prendre part, alliance fortement cimentée en Europe, où il suffira de déjouer les intrigues et les ambitieux desseins d'un cabinet turbulent.

» Que V. M. parle, et que sa voix soit le signal de la guerre, si l'on prétend nous humilier ou exiger de nous quelque réparation. Si l'on vous demande de renvoyer vos serviteurs, et de donner leurs places à d'autres, demandez le renvoi de ce ministre qui a chargé d'insultes V. M. et notre héroïque nation, afin de maintenir la même politique qui nous a arraché Gibraltar et qui a limité la puissance de l'Espagne dans le nouveau monde. Si l'on demande que V. M. reconnaisse le gouvernement intrus que l'Angleterre a établi dans le Portugal, demandez que l'on rétracte la reconnaissance des nouveaux États américains, comme on se plaît à les appeler. Si les Anglais approchent de nos frontières, qu'ils y trouvent nos légions espagnoles, et que tous les chrétiens commencent leur nouvelle croisade. »

S'il était nécessaire de documens pour prouver la nécessité des institutions en Espagne, cette étrange pièce suffirait. Elle explique tout ce qui s'est passé en Espagne depuis trois cents ans. En y ajoutant l'empire continuel des favoris et des *camarillas*, on a la clef de tout ce qui se passe dans ce malheureux pays; on voit distinctement comment il est arrivé à sa décadence présente, et ce qui l'attend à l'avenir. Voilà un homme grave, religieux, qui peut même être orné de beaucoup de vertus morales, mais dont l'esprit est tellement infatué, tellement absorbé par une idée fixe, celle de son culte, qu'il ne voit plus dans le monde que des hérétiques et des catholiques, la vérité et l'erreur religieuse. Ainsi raisonnerait l'abbé de La Mennais. Ce qu'il entre d'idées politiques dans la tête de cet homme est de la même force; il conseille la guerre à un roi qui n'a ni finances ni armées; il montre l'Angleterre effrayée des rodomontades espagnoles; il a découvert que l'empereur Alexandre allait soumettre son empire au pape.

Ce n'est qu'au sein du despotisme monacal que

de pareils hommes peuvent être consultés; ils ont bien leurs raisons pour redouter les institutions; car elles portent avec elles l'exclusion de toute affaire contre des hommes frappés d'un pareil aveuglement. Quel doit être le clergé d'un pays dont les chefs manquent de lumières à ce point? Qu'il faut déplorer le sort du prince et du peuple sur lesquels peuvent influer de pareils conseillers!

## CHAPITRE XIII.

### *L'Angleterre.*

*Nous avons été informés officiellement de l'invasion du Portugal le vendredi; nous avons délibéré le samedi; les flottes et les armées ont reçu les ordres de départ le dimanche; nous vous en réferons lundi.* Ainsi a parlé M. Canning; il avait dit un moment auparavant : *Consolez-vous de l'infériorité du rôle de l'Angleterre dans la guerre d'Espagne de 1823; j'ai soldé le compte en appelant tout un monde à l'existence.* C'est avec un gouvernement qui pense, parle et agit avec cette netteté et cette rapidité, que l'Espagne d'abord, et puis la France, ont à faire. Ne semble-t-il pas entendre l'empereur Nicolas dire au Grand-Turc : J'attends votre signature le 6 octobre, à 7 heures du matin. Ce jour, à l'heure dite, la signature turque, avec une diligence inusitée en Turquie, était apposée à l'ultimatum russe. En sera-t-il de même en Espagne? L'Angleterre se contentera-t-elle du système évasif de l'Espagne et de ses bonnes paroles? Plus l'Espagne se fera presser, plus l'Angleterre ne croira-t-elle pas devoir ajouter à des exigences de sûreté. Qu'a-t-elle obtenu jusqu'ici, même en se coalisant avec le cabinet français? Rien, absolument rien. Combien de temps cela peut-il durer avec un gouvernement tel que le gouvernement anglais? Là point d'intrigues, point de *camarillas,* point de voies souterraines; mais la publicité, intérêt national; mais là aussi, gloire du ministre à soutenir aux yeux de la nation et de l'Europe, et l'honneur du pays à maintenir. Dans un tel pays, l'action publique n'est point partagée; il n'y a qu'une seule table de conseil, et la nation marche comme un seul homme. Cette facilité dans le jeu de tous les ressorts du gouvernement crée les moyens de rapidité dans l'action; aussi, dans cette circonstance, l'Angleterre constitutionnelle a-t-elle agi avec une rapidité que le pouvoir le plus despotique n'aurait pas pu dépasser. Fort de ces avantages, le gouvernement anglais est le maître du choix de ses mesures. Nous ne pouvons raisonner que sur ce qui se passe au dehors ; mais si, comme on le dit, ce gouvernement a su se procurer les preuves irrécusables de combinaisons perturbatrices parmi ses propres sujets ; si l'Angleterre peut voir à Madrid le premier anneau de la chaîne qui lie les apostoliques d'Espagne avec les meneurs des clubs catholiques d'Irlande ; si des documens irrécusables l'ont muni des preuves manifestes de collusion, d'envie de tromper, d'ordres secrets destructifs d'ordres patens ; en un mot, si l'Angleterre a la connaissance certaine de ces dispositions intimes, qui finiront inévitablement par devenir le vrai mobile des actions subséquentes, quelles déterminations pourront lui suggérer les considérations de ces notions ? comment affecteront-elles son gouvernement ? Son premier objet est rempli, celui de mettre le Portugal à couvert ; mais il en a un second à remplir, et celui-là n'est pas le moins important ; il consiste dans la nécessité de s'assurer contre le retour d'une nouvelle crise dans la Péninsule, et de nouvelles attaques cachées dans son propre sein. Mais tout cela est de l'ordre moral, c'est donc à lui qu'il faut demander ces garanties ; et où peuvent-elles se trouver, sinon dans des institutions qui mettront fin aux intrigues, aux voies détournées, et qui feront régir l'Espagne comme l'est l'Angleterre elle-même, d'après ses intérêts nationaux, et non pas d'après des affections privées. L'Angleterre demandera à l'Espagne de la promptitude dans ses décisions; parce que son gouvernement ne peut pas amuser ou abuser le peuple anglais par des paroles : dans ce pays, tout est au positif. L'Angleterre ne voudra pas continuer les frais d'un armement, la sortie de ses troupes hors de son territoire, pour assister aux débats intérieurs du cabinet de Madrid, pour obtenir le remplacement d'un ministre par un autre, dont il faudra solliciter le remplacement dans six mois. Tout cela est indigne de l'Angleterre; elle ne descendra pas à ce rôle. Elle agira donc avec énergie; et l'opposition de sa conduite avec celle de l'Espagne, résultant toutes les deux de la nature de leur gouvernement, amènera une position très difficile, tant pour elle que pour les autres : nous en dirons les raisons tout à l'heure. En attendant, je ne puis me refuser à remarquer quelle prodigieuse différence les évènemens ont mise entre les temps. Voilà cette même Angleterre qui a le plus contribué à relever le trône de Ferdinand, à la veille de commencer avec lui une lutte, dont on ne peut pas prévoir l'issue pour ce même trône.

Liberté civile et religieuse dans tout l'univers, a dit M. Canning, c'est-à-dire institutions partout; car où serait cette liberté hors des institutions? Le ministre anglais a trop de sens pour n'avoir pas découvert, dans l'état actuel du monde, que les nations se touchent par la conformité de leurs institutions plus que par tout autre rapport : il voudra donc que l'Espagne en ait, comptant sur sa reconnaissance pour ce grand bienfait. C'est une conquête pacifique qu'il fera ainsi; et en se mettant à la tête des gouvernemens constitutionnels, il se ménagera une influence décisive dans le nouvel univers qui se prépare.

---

(1) L'Angleterre est réputée, disait Napoléon, pour trafiquer de tout; que ne se met-elle à vendre de la liberté, on la lui achèterait bien cher, et sans lui faire banqueroute; car la liberté moderne est essentiellement morale, et ne trahit pas ses engagemens. Par exemple, que ne lui paieraient pas ces pauvres Espagnols pour se délivrer du joug sous lequel on vient de les rebâter? Je suis sûr qu'on les trouverait bien disposés; j'en ai les preuves; et c'est pourtant moi qui aurai créé ce sentiment : encore ma bévue du moins aura-t-elle profité à quelqu'un. Quant aux Italiens, j'y ai implanté des principes qu'on ne déracinera plus; ils fermenteront toujours. Qu'aurait de mieux à faire l'Angleterre aujourd'hui, que de donner la main à ces beaux mouvemens de la régénération moderne? Aussi bien, faudra-t-il tôt ou tard qu'elle

## CHAPITRE XIV.

### LA FRANCE.

*Ses rapports flottans avec l'Angleterre.*

LA France entre dans le système de l'Europe; système pacifique. Elle a désapprouvé l'acte de l'Espagne contre le Portugal. Depuis long-temps

---

s'accomplisse. C'est en vain que les souverains et les vieilles aristocraties multiplieraient leurs efforts pour s'y opposer: c'est la roche de Sisyphe qu'ils tiennent élevée au-dessus de leurs têtes; mais quelques bras se lasseront, et au premier défaut, tout *leur croulera dessus*. Ne vaudrait-il pas mieux traiter à l'amiable? c'était là mon grand projet. Pourquoi l'Angleterre se refuserait-elle à en avoir la gloire et à en recueillir le profit? Tout passe, en Angleterre comme ailleurs. Le ministère Castelreagh passera, et celui qui lui succédera, héritier de tant de fautes, deviendra grand, s'il veut seulement ne pas les continuer.

Tout son génie peut se borner uniquement à laisser faire, et à obéir aux vents qui soufflent. Au rebours de Caselle use de ses moyens auprès de l'Espagne pour la ramener à un meilleur ordre de choses. Tout cela est louable et sincère. On peut croire à la même sincérité dans l'avenir, mais à une condi-

---

telreagh, il n'a qu'à se mettre à la tête des idées libérales, au lieu de se liguer avec le pouvoir absolu, et il en recueillera les bénédictions universelles, et tous les torts de l'Angleterre seront oubliés. Cet acte était à la portée de Fox; chez lui le cœur échauffait le génie, au lieu que chez Pitt le génie desséchait le cœur. Mais j'entends un grand nombre me demander comment, moi, tout puissant, je n'ai point agi de la sorte? comment, parlant si bien, j'ai pu agir si mal? Je réponds à ceux qui sont de si bonne foi, que rien ici ne saurait se comparer. L'Angleterre peut opérer sur son terrain, dont les fondemens descendent aux entrailles de la terre; le mien ne reposait encore que sur du sable. L'Angleterre règne sur des choses établies; moi j'avais la grande charge, l'immense difficulté de les établir: j'épurais une révolution, en dépit des factions déçues; j'avais bien réuni en faisceau tout le bien épars qu'on devait en conserver, mais j'étais obligé de le couvrir de mes bras nerveux pour les sauver des attaques de tous; et c'est dans cette attitude, je le répète encore, que véritablement la chose publique, l'état, *c'était moi.*

(*Mémorial de Sainte-Hélène*, vol. VII.)

Que de vérités et d'avenir dans ces paroles! Oui, la marchandise la plus de défaite en Europe, aujourd'hui, c'est la liberté.

tion, celle de n'être pas entraînée par les évènemens. La France agit de concert avec l'Angleterre à l'égard de l'Espagne; mais combien de temps encore pourra-t-elle le faire? Entre les particuliers, la durée des amitiés provient de la conformité des caractères; entre les états, celle de l'alliance vient de la conformité des positions. Voyons donc en quoi se ressemble et diffère la situation des deux pays.

L'Angleterre est pleinement constitutionnelle;

La France l'est à demi.

L'établissement de l'Angleterre est ancien;

Celui de la France, récent et ébauché.

Dans les affaires de l'Espagne et de l'Amérique, l'Angleterre est partie de principes contradictoires avec la France.

La France est liée de principe avec les puissances déclarées contre les institutions;

L'Angleterre ne l'est pas.

La France a la charge d'une consanguinité avec l'Espagne;

L'Angleterre en est affranchie.

La France est affligée par la présence des partis;

L'Angleterre en est exempte: la nation marche comme un seul homme à la suite du gouvernement.

Une guerre dont le résultat serait l'établissement d'institutions protectrices de la paix générale serait-elle populaire en Angleterre? Au suprême degré. En cela, l'Angleterre applaudirait à son grand ministre, comme elle l'a déjà fait dans d'autres circonstances.

Une guerre, en Espagne, dont le pouvoir absolu se présenterait soit comme le principe, soit comme le résultat, serait-elle populaire en France? Elle y serait tout autrement appréciée et ressentie.

Une guerre aurait-elle ou pourrait-elle avoir les mêmes effets dans l'intérieur de l'Angleterre et de la France? Ils pourraient être fort différens.

La France est-elle fondée à croire qu'il existe en Angleterre un parti qui travaille activement à susciter des troubles dans son intérieur?

Non.

L'Angleterre est-elle fondée à craindre qu'en Espagne et en France un parti n'ait tourné ses vues vers l'Irlande, pour partager les forces de l'Angleterre par cette diversion?

Oui.

Les cris de Dublin ont correspondu à ceux de Madrid et de Paris, à la nouvelle de l'évènement du Portugal; et quand l'Angleterre s'est montrée avec énergie, les organes du parti n'en ont-ils point appelé tout de suite à l'Irlande? Que dit l'archevêque de Tolède? D'où vient à lui et à son parti tant d'assurance, au milieu de tant de faiblesse?

A-t-on entendu en Angleterre des paroles semblables à celles qui, dans le sein de la législation française, ont traité *d'insolentes fanfaronnades* une partie du discours de M. Canning, et qui ont désigné par le nom de *fièvre rouge, le débarquement* des Anglais en Portugal?

Non.

Des dispositions aussi peu bienveillantes annoncées avec cette publicité, la connaissance des manœuvres du parti, que l'Angleterre n'a sûrement pas manqué de se procurer, sont-elles propres à fortifier la liaison de l'Angleterre avec la France?

Il s'en faut de beaucoup; toute alliance exige réciprocité, franchise, confiance mutuelle, et surtout but commun : par exemple, la France peut bien aller, à l'égard de l'Espagne, de conserve avec l'Angleterre, jusqu'à un certain point; mais voudra-t-elle aller jusqu'au bout concurremment avec l'Angleterre?

Les rapports entre les deux puissances sont donc très précaires, et cependant leur union est le gage de la paix du monde. La France a encore plus d'intérêt à la fin du désordre de l'Espagne que ne peut en avoir l'Angleterre; car elle lui tient de plus près; elle se ressent davantage de son bien-être ou de son malaise; elle en a eu et doit encore, en quelques cas, en avoir la charge; elle a un intérêt d'honneur au bon ordre d'un gouvernement dont les chefs sont unis par des liens si étroits. Pourquoi ce parti veut-il la guerre? 1° parce qu'il est dans sa nature et comme dans son sang de la vouloir; il la veut depuis 1790; en tout temps, en tout lieu, en toute cause, il a voulu la guerre; il la veut, et il la voudra toujours. C'est ce parti qui a passé plusieurs années à proclamer le gouvernement de Ferdinand comme le beau idéal des gouvernemens, et à l'invoquer pour la France; c'est ce parti qui s'indignait que le ministère français ne fondît pas sur l'Espagne, la lance en arrêt, au seul titre de révolutionnaire, et par cela même hors la loi; c'est ce parti qui a proscrit l'ordonnance d'Andujar, et remercié Ferdinand, au nom des souverains et des peuples de l'Europe, d'avoir fait banqueroute à l'emprunt des Cortès. 2°. Ce parti veut la guerre comme opposition au système pacifique du gouvernement français. Par là, il espère lui créer des embarras, avoir occasion de l'accuser de tiédeur pour la dynastie, d'indifférence pour l'honneur national. C'est au pouvoir qu'il vise, comme au seul moyen de remplir plus ses désirs que ses projets; car, monté au pouvoir, après la première satisfaction de cette conquête, il en sentirait le fardeau; c'est la guerre à M. de Villèle, que son attaque précédente n'a pu déraciner du poste que sa téméraire ambition convoite. Quand il parle d'honneur national, de pacte de famille, de dynastie, ce sont des feintes, de vrais cris de maître d'armes pour détourner l'attention du point où il veut frapper. Telle est la situation réciproque de l'Angleterre et de la France. Présente-t-elle un ciment solide et durable pour leur union? Il faut faire des vœux pour cela, mais il ne faut pas se laisser aller à une confiance absolue. Cependant, cette union est du plus grand prix pour la paix du monde; car, qui peut assigner le terme des conséquences qu'aurait leur rupture? Les hommes qui, dans leur cruelle irréflexion appellent la guerre, ont-ils calculé ce qu'est une guerre d'opinion, une guerre mi-partie politique et civile, une guerre dans laquelle les puissances principales croiraient devoir intervenir, avec des vues et des moyens divers? Cette perspective est effrayante aux yeux de tout homme éclairé et sensible. C'est une nouvelle Iliade de malheurs qui s'ouvre devant l'Europe; et à qui l'humanité et l'Europe en auront-elles l'obligation, sinon au gouvernement despotique et monacal de l'Espagne, et à leurs partisans, ce qui est assez dire que le plus pressant intérêt de l'Europe est le changement de ce gouvernement perturbateur dans un ordre régulier, c'est-à-dire dans des institutions.

Pour se faire une idée juste du besoin de ces institutions, il n'y a qu'à lire la dernière ordonnance de l'intendant de la police de Madrid, sur la remise des écrits contraires au gouvernement actuel. La Convention n'a rien décrété d'aussi *acerbe*.

## CHAPITRE XV.

### *De l'appui de l'Espagne par la France.*

Que signifient ces paroles que l'on entend souvent : si l'Angleterre entre en guerre avec l'Espagne, l'honneur de la France, le pacte de famille, font la loi à celle-ci de voler au secours de l'Espagne; c'est un ancien allié, et l'Angleterre un ancien ennemi, un ennemi de tous les temps, de tous les lieux, de toutes les choses? Qu'y a-t-il de réel dans ces allégations? Quelles vues cachées couvrent-elles?

1°. En principe, quel est le droit de soutien et d'appui? Deux états sont en querelle, qui peut avoir le droit d'intervenir? Intervenir, c'est juger et exécuter la sentence portée par soi-même: l'intervention amicale, médiatrice, est toujours licite, et la plupart du temps elle est aussi utile que par elle-même elle est honorable et humaine; mais il ne peut en être de même de l'intervention militaire. Une obligation permanente de cette nature blesse la raison et la justice, peut enhardir à commettre des dommages, sous confiance de trouver de l'appui. Un état serait exposé à défendre les caprices d'un autre, à soutenir ses actes présomptueux, mal combinés. Chaque état se doit premièrement à lui-même, et secondairement aux autres. Une attaque d'une injustice palpable, révoltante, autorise l'intervention; alors ce n'est pas un état en particulier que l'on défend; mais la société tout entière, blessée par une pareille violence. Il en est d'elle, comme de la promulgation de ces principes qui ébranlent les fondemens des sociétés, et pour l'extirpation desquels les sociétés s'arment avec justice, parce qu'alors elles s'arment pour leur propre conservation; tandis que cette répression armée leur est interdite, lorsqu'elle ne tombe que sur des vices d'organisation politique intérieure : ainsi le changement de gouvernement, sa forme plus ou moins parfaite, plus ou moins ressemblante à celles des autres gouvernemens, ne confèrent aucun droit d'intervention, ainsi que l'Angleterre l'a si bien soutenu dans la discussion relative à la guerre d'Espagne. Il suffit à la société qu'un état soit susceptible d'entretenir les relations entre les autres états : la société trouve alors ce qu'elle cherche dans les associations humaines, et ce qu'elle a seulement le droit d'y chercher : le reste ne la regarde pas. En principe général, l'intervention n'est donc pas due dans tous les cas; les alliances promiscues sans distinction, datent du temps du despotisme et de l'absence du droit public, mais elles ne peuvent trouver place dans notre âge, où tout se décide d'après le droit. Les pertes qu'un état peut subir ne sont pas non plus une cause juste d'intervention; car il est de la justice que les fautes soient châtiées : le contraire serait un encouragement aux actes offensifs que pourrait se croire autorisé à commettre un état qui se sentirait appuyé à ce degré; ce serait un appel à l'impunité. L'intervention ne devient légitime que dans le cas où les pertes éprouvées par l'un tourneraient évidemment au dommage de l'autre, soit activement, soit passivement, comme lorsqu'une conquête fortifie démésurément un ennemi, ou bien affaiblit de même l'état dont l'appui peut aussi être invoqué dans quelques cas. C'est à la raison et à la justice à assigner la mesure correcte de chacune de ces choses. Faisons l'application de ces principes à la cause actuelle. Un acte indéfinissable de la part de l'Espagne a mis l'Angleterre en mouvement; elle peut craindre pour un allié infiniment plus faible que l'Espagne les suites d'une lutte inexcusable dans son principe; elle arme pour l'en préserver; elle ne dicte aucune loi intérieure au Portugal, elle ne demande rien à l'Espagne, elle se borne à dire : Si vous attaquez un allié innocent, je le défendrai. Ici, tout est légitime. L'Angleterre ne vole pas au secours d'un agresseur guidé par des motifs injustes, elle s'élève, au contraire, contre une agression torsionnaire, violatrice du droit des gens, d'engagemens antérieurs, et de la loyauté, dont les états encore plus que les particuliers, doivent donner l'exemple. Le ministère français a senti toute la gravité de sa position spéciale, puisqu'il a déclaré, par l'organe du ministre des affaires étrangères, que l'Espagne n'avait aucune assistance à attendre de lui dans la circonstance actuelle; décision juste, et qu'il faut espérer qu'il saura maintenir.

2°. Il y a des lois ou il n'y en a pas. Le pacte de famille fut abrogé par l'assemblée constituante; la Charte maintient les lois faites et non abrogées ; la France n'est donc plus liée par cet acte. En principe, il n'y a pas de pacte de famille entre les états ; il n'y a que des intérêts, parce que ce sont les états qui paient tout. A quel degré s'arrêteraient les obligations de ces traités ? Chaque prince a une famille supérieure à la famille naturelle, l'état ; en lui, tout se rapporte à l'état ; et, dans ce sens, Louis XIV a patriotiquement parlé en disant : *L'état, c'est moi*. Les alliances de famille ne changent rien à la politique de l'état. Anne d'Autriche, comme reine et comme régente, passa sa vie à combattre son père, son frère et tous les siens. Dix ans après être monté sur le trône d'Espagne, au moyen des immenses sacrifices de la France, Philippe V ne lui fit-il pas la guerre ; et tandis qu'il combattait sa bienfaitrice, par une réciprocité bizarre, il était combattu à son tour par le guerrier dont il avait le mieux reconnu les services (1).

Puisque les circonstances ont amené en cause

---

(1) Le maréchal duc de Berwik, que Philippe V avait royalement récompensé, et dont le fils fut la souche des grands d'Espagne connus sous le nom de ducs de Berwik. Dans le temps, on fit un reproche au duc de Berwik de s'être chargé de ce commandement ; on avait tort.

le pacte de famille, pour en bien juger, il faut l'examiner sous plusieurs rapports.

Quelle est sa date? La fin d'une guerre malheureuse pour la France. Jusque là l'Espagne avait eu le bon esprit de se tenir loin du champ de bataille, et elle n'y parut que pour éprouver des désastres; son assistance tardive lui coûta la Havane et les Philippines. Pour la dédommager de ses inutiles sacrifices, la France lui abandonna cette terre que les Français avaient comme saluée du doux nom de Louisiane, dont ils n'avaient su rien faire, pas plus que l'Espagne ne l'a su depuis, et qui, tombée dans le gouffre des domaines de l'Amérique du nord, est réservée à devenir un état florissant.

A l'époque de cette guerre, celle de 1756, l'Espagne possédait encore l'Amérique; la France jouissait de Saint-Domingue. Les accroissemens de la puissance anglaise dans l'Inde et dans l'Amérique du nord donnaient de justes ombrages à la France et à l'Espagne, et les invitaient à s'unir contre une rivale menaçante. Le pacte de famille de cette époque était donc fondé en raison, et M. de Choiseul fit dans le temps la chose du temps; mais il ne le recommencerait pas aujourd'hui, car autre doit être la conduite avec un pouvoir grandissant, ou bien avec un pouvoir complet. Le prodigieux développement de la puissance navale anglaise, la subversion complète du système colonial opérée par la grande révolution de l'Amérique, la chaîne de postes que l'Angleterre occupe sur le littoral de la plus grande partie du globe, depuis Héligoland jusqu'à l'empire des Birmans, la possession de l'Inde, réduisent à rien toutes les colonies européennes. Le motif du pacte de famille était de l'ordre maritime et colonial; il n'y a plus ni colonies ni marine pour personne; il est donc évident que ce pacte ne se rapporte plus à rien. Si l'Angleterre entendait conquérir à son profit l'Andalousie ou la Galice, il n'y aurait pas besoin du pacte de famille pour aller au secours de l'Espagne; on n'attendrait pas ses appels. Quand même l'Angleterre saisirait Porto-Ricco ou quelques points des Canaries et des Philippines, dans l'état où sont les choses, quel changement cela apporterait-il? quelle serait la compensation pour les frais d'une opposition armée contre elle? Que dans son opulent mobilier colonial, l'Angleterre fasse tomber quelque dépouille de l'Espagne, elle n'en sera ni plus riche ni plus forte; de son côté, dans son état de misère, l'Espagne n'en sera pas plus pauvre. Il y a des positions auxquelles le plus ou le moins ne font rien pour les intéressés, à plus forte raison, les étrangers n'y ont-ils aucun intérêt. Le rappel du pacte de famille serait donc une exhumation intempestive et funeste. Ceci nous reporte à des pensées plus élevées, et nous force à reporter nos regards en arrière. Qu'a été pour la France cette Espagne dont on veut nous faire prendre le fardeau? Dès que, par l'expulsion des Maures, l'Espagne put se retourner vers l'Europe, et devenir européenne, c'est-à-dire depuis Ferdinand-le-Catholique, l'Espagne n'a pas cessé, jusqu'en 1700, de combattre la France; elle lui a enlevé ses conquêtes d'Italie, scellées de tant de sang français; elle a excité les guerres civiles de la ligue, travaillé à deshériter les Bourbons. Toute la durée de la dynastie autrichienne n'a été qu'une guerre continue contre la France. Depuis l'avènement de Philippe V, elle a souvent valu la guerre à la France. Douze années d'une guerre désolante sont nécessaires pour établir Philippe V sur le trône d'Espagne : Louis XIV est réduit aux derniers abois; encore un moment, et son trône tombe sur les coups de Marlborough et d'Eugène. Un miracle le sauve. La France est abîmée, et Law avec sa banqueroute sort de cette guerre d'Espagne. Six ans après, il faut armer contre Philippe V, enlacé dans les intrigues d'Albéroni; viennent après les guerres d'Italie, pour donner

Naples et Parme à des infans d'Espagne. En 1762, l'Espagne se ruine en pure perte pour la France. Dans la guerre d'Amérique, les flottes combinées parurent avec plus d'éclat que d'utilité; elles ne purent ni effectuer une descente en Angleterre, ni empêcher les avitaillemens de Gibraltar, ni prévenir l'affront du 12 avril 1782. Dans le cours de la révolution, l'Espagne n'a su ni combattre ni servir la France; elle lui a valu Trafalgar : il est vrai qu'elle causait des frais à l'Angleterre en occupant ses escadres; mais cela ne servait en rien à la France, bloquée de son côté par les flottes anglaises. Des deux parts, tout était perte. L'étrange provocation du cabinet espagnol, adressée à Napoléon en 1806, a amené la guerre de 1808, et par suite la perte des grandeurs de la France. Toutes les fautes entassées depuis 1814 ont produit la guerre de 1823, qui coûte à la France des millions par centaines. N'est-on pas fondé à dire, d'après cet exposé, que l'Espagne a été presque aussi fatale à la France que l'Angleterre elle-même a pu l'être.

Maintenant à quoi l'Espagne peut-elle servir à la France?

Il faut se faire une idée nette de la révolution opérée dans l'ordre politique, à l'égard de l'Espagne, par la révolution de l'Amérique. En la possédant, l'Espagne était une puissance maritime et coloniale ; elle était plus de l'Amérique que de l'Europe, et la perte de celle-là l'a rendue à celle-ci ; alors exposée aux coups de l'Angleterre, elle devait être puissance maritime : sans l'Amérique, la marine n'a plus d'importance pour elle, pas plus que pour tous les autres ; et d'ailleurs que signifient ces marines, vis-à-vis celle de l'Angleterre? Sans colonies, sans finances, sans ordre intérieur, l'Espagne restera sans soldats et sans force. En cas d'alliance avec elle, le fardeau retombera donc en totalité sur la France, ainsi que cela eut lieu dans la guerre de la succession, pendant laquelle on vit l'Espagne entretenir en Italie 2000 hommes, et la France 60,000; comme on le vit aussi en Espagne, où la France fut contrainte d'envoyer pendant 10 ans, généraux, soldats, argent, ministres, tout enfin, car tout manquait, et le trône de Philippe V fut élevé par des mains françaises, et cimenté par l'or et le sang de la France. Et que l'on ne nous parle pas des avantages que la réunion des deux pays sous un sceptre de famille a procurés à la France ; ce que celle-ci a tiré de l'Espagne vient de son voisinage, et non de son alliance avec elle. La France n'a joui d'aucun avantage exclusif en Espagne, ni en Amérique ; celle-ci lui était fermée comme aux autres nations : l'affection populaire n'était pas plus prononcée en faveur des Français.

En 1694, lors de la grande sédition de Madrid pour le pain, tous les Français habitant Madrid furent massacrés; il en a été de même en 1808. Des hommes féroces se sont précipités sur des êtres innocens des fautes de leurs gouvernemens, qui vivaient paisiblement au milieu d'eux, exerçant une laborieuse industrie à l'avantage réciproque d'eux et de leurs assassins. Depuis 1823, le séjour des militaires français ne leur a pas procuré de grands agrémens en Espagne, et les sentimens d'une vive antipathie n'ont pas pris la peine de se cacher (1).

Le gouvernement français a donc embrassé le système convenable aux intérêts du pays, en déclarant qu'il ne soutiendrait pas l'Espagne; et sûrement, en cela, il sert mieux la France que ne le font ceux qui, par des allégations intéressées ou mensongères, tendent à engager la France dans une carrière où elle aura la responsabilité des fautes, des fureurs et des misères de l'Espagne.

---

(1) En 1815, l'Espagne, qui a si fort contribué au 20 mars, malgré le pacte de famille et la parenté, n'en a pas moins réclamé sa part dans la dépouille de la France.

FIN.

# TABLE DES MATIÈRES.

FIN DE LA TABLE DES MATIÈRES.

www.ingramcontent.com/pod-product-compliance
Lightning Source LLC
Chambersburg PA
CBHW052345090426
42739CB00011B/2326

* 9 7 8 2 0 1 3 5 0 8 8 0 3 *